마음의 전문가는 필요없다

오자와 컬렉션 ❺

마음의 전문가는 필요없다

수상한 상담가, 기묘한 상담기법

오자와 마키코 지음　김은서 옮김

서현사

한국어판 서문

마음의 전문가란 무엇인가

'마음의 전문가'라는 말은 주로 임상심리학 실천가를 통칭하는 말로 1990년대 이후에 일본 사회에 퍼졌다. 일반적으로는 카운슬러나 상담 선생님이라고 불리는 사람들을 가리키는데, 정신과 전문의를 포함하는 경우도 있다. 학교 교사의 영역에 카운슬러를 널리 도입하고자 했던 심리학자 가와이 하야오河合隼雄가 1985년에 신문에서 이 말을 사용했다. 그것이 '마음의 전문가'라는 말이 보급된 하나의 계기이다.

'마음의 전문가'의 일은 일반적으로 카운슬링이라고 불리는 면접을 중심으로 한다. 이 카운슬링 기법은 현대 사회에서 사람들의 마음의 관리를 담당하고 있다고 생각하는데, 그 이론과 실천을 비판한 것이 이 책이다.

역사를 더듬어 보면 미국에서 일본으로 임상심리학이 들어오고, 그것이 조금씩 세상에 알려지기 시작한 것은 1960년대 무렵이다. 이 직업은 정신의료에서 시작되어 교육과 기업, 일반의료와 복지 분야에도 점차 퍼져서 1990년대 들어서 갑자기 수가 늘기 시작한다. 앞서 설명했듯이 그때까지 심리 관련

직업이나 심리상담 담당자라는 식으로 불려온 소박한 직업이 '마음의 전문가'라는 새로운 명칭과 함께 다양한 상담기관, 특히 학교에 급속하게 증가했기 때문이다. 그 존재는 매스컴 보도에도 여세를 몰아 한때는 유행의 양상을 보였다. 당시 나는 대학에서 임상심리학과 관계된 강의와 공동 연구를 담당하고 있었는데, 갑작스럽게 수강하는 학생이 늘기 시작한 현상에 당황했다.

수업에 모여든 학생들의 말을 들어보면 거기에는 새로운 직종에 대한 흥미, 기대와 함께 냉엄해진 시대 속에서 마음의 상담을 일로 삼는 전문가를 향한 의존 욕구가 있다는 것을 느낄 수 있었다. '사람이 뿔뿔이 흩어져 자신이 고립되어 버리는 위기감'이나 '모든 것에 자기책임을 묻는 중압감'을 어떻게든 위로받고 싶다는 기대이다. 물론 그곳에는 인간관계 기법에 대한 관심과 임상심리학에 관련된 직업 증가 예측 등, 다양한 요인이 중첩되어 있었다고 생각된다. 그러나 더욱더 격렬해진 경쟁사회를 살아가는 무기력함 속에서 하다못해 '마음의 전문가'에게 의존하고 싶다는 심정이 사람들 속에 강해지고 있었던 것은 확실하다.

젊은이들을 비롯해 사람들이 불안해하는 배경에는 21세기 초에 신자유주의Neoliberalism를 급속하게 보급시킨 일본 사회의 정치적, 사회적 변화가 있었다. 사람들에게 불안감, 중압감을 갖게 하는 공기는 '자조노력', '자기실현', '자기책임'과 같은 엄격하고 차가운 말로 표현되었다. 그때까지 일본 사회에 작게나마 연명하고 있었던 '협조', '피차일반', '덕분에' 같은 서로 돕는 인간관계는 경시되었고, 개인의 힘으로 경쟁을 이겨내야만 한다는 인간관이 지배하게 되었다. 사람의 연대가 약해지고 개개인이 냉엄한 경쟁에 노출되는 불안한 시대에 임상심리학은 지배층이 기대하는 '마음의 관리'를 담당하는 한편, 무기력함에 괴로워하는 사람들의 고통을 위로하는 역할을 담당하며 세상으로 파고들어갔다.

신자유주의를 지지하는 이러한 인간관은 노동의 장에서도 나타났다. 대표적인 것이 1995년 경제계에서 제출한 〈새로운 시대의 '일본적 경영'〉이라는 보고서에 제시된 내용이다. 그것은 일본 경제계를 이끄는 일본경제자단체연맹이 새로운 노동형태로 발표한 것이다. 그 보고서에는 향후 사회에서 활동하는 인간이 세 개의 카테고리로 나뉘어져 있다. 정사원, 즉 간부 후보인 '장기축적능력형', 초스페셜리스트인 '고도전문능력 활용형', 저임금으로 고용할 수 있는 '고용유연형'이다. 마지막의 '고용유연형'이라 이름 붙여지는 노동자는 사실상 저임금에 착취되는 노동력에 해당한다.

이 계층은 임금이 저렴한데다 사회보장 면에서도 불리한 대우를 강요받고, 비정규직이 많다. 그 수는 증가하는 추세로 2016년 현재, 노동자의 40%에 달한다고 보도되고 있다.

일본 사회는 1980년대 무렵까지 이른바 중간계층(중산층)의

존재가 유지되어왔지만, 그 계층이 점차적으로 사라지고, 상류층, 하류층의 양극 구조가 진행되면서 경제 격차가 벌어지고 있다. 노동의 장에 있어서도 자기발전을 위한 노력을 강조하는 과격하고 불안정한 사회를 조절하기 위해 사람들의 마음을 관리한다고 주장하는 심리학적 기법이 권력을 가진 쪽의 적극적인 환대를 받으며 번져갔다.

지금까지 1990년대 이후에 '마음의 전문가'라고 이름 붙여지고 퍼뜨려진 임상심리학의 흐름에 대해 다루었다. 그러나 내가 임상심리학적 기법과 그 사상에 의문을 갖고, 비판적인 점검을 시작한 것은 그보다 훨씬 이전인 1970년대 즈음이었다. '마음의 전문가' 유행이 발생한 1990년대보다 20년 정도 앞선 일이다. 구체적으로는 이 학문을 기법적으로 지탱하고 있는 두 가지 축, 심리검사와 카운슬링에 대한 비판이었다. 그 일은 내가 소속된 학회(1992년까지 일본 임상심리학회, 그 뒤는 일본 사회임상학회)의 동료들과 함께 축적되었다.

나 개인의 문제의식, 즉 이 책에 다루고 있는 카운슬링에 대한 의문의 원점은 제1장에 기록한대로 '대단하지만 뭔가 이상한' 위화감이었다. 그 위화감을 학회 사람들과 함께 오랫동안 추구하다가 1990년대에 카운슬링 유행을 접하게 되었다. 이 책은 오랜 시간 쌓아온 카운슬링 기법에 대한 비판을 1990년대 이후 시대배경을 바탕으로 정리한 것이다.

이 책은 당시 카운슬링 유행에 당혹감과 의문을 지닌 사람들을 중심으로 광범위하게 읽혀졌고, 초판 이후 9쇄를 발행했다. 그러나 그 뒤 10여 년이 지난 현재, 카운슬링은 그 확대에 의문을 품기는커녕, 사회 구석구석으로 더 깊이 스며들어 사람들의 일상 속 행동에도 영향을 주고 있는 것 같다. 그 현상에 대해서는 이 책이 간행되고 2년 후에 출판된 나카지마 히로카즈 씨와 함께 집필한 오자와 컬렉션 6권, 《마음을 상품화하는 사회》를 읽어 보면 좋을 것 같다.

일본 사회에 있어서 인간관리의 진행은 사람들의 무기력과 불안감을 만들어내고 있다. 이 책을 통해 눈에 보이지 않는 관리의 진행과 사람들이 숨 막혀 하는 배경을 '마음의 관리' 측면에서도 생각해보기를 바란다.

2016년 6월

오자와 마키코

차 례

서문

임상심리학을 왜 묻는가

의문의 시작

1990년대 중반 일본에서는 '임상심리사'라는 말이 세간에 널리 알려졌다. TV 드라마에도 그 역할이 등장하면서 젊은 사람들에게 인기 있는 직업이 되었다.

그러나 이 현상에 대한 의문의 목소리도 있다. '마음'을 강조하는 사회풍조에 대한 의문이다. 예를 들어 강상중姜尙中은 2000년의 1년간을 회고하며 이렇게 기록하고 있다.[1)]

"염려스러운 것은 TV나 잡지, 신문 어디에서나 '심리주의 Mentalism'를 말하는 경향이 확산되고 있다. 즉, 심각하리만치 복잡한 사회환경을 사람의 마음 때문이라고 한정하여 사건의 원인을 이해하기 쉽게 설명하려는 움직임이 눈에 띄게 증가하고 있다는 것이다"(〈아사히신문〉, 2000년 12월 29일자).

또한 임상심리학의 문제성에 대해 오랫동안 고찰해온 나에게 이 풍조에 대해 어떻게 생각하느냐고 직접 물어보는 사람

---

1) 강상중은 재일한국인 2세로 한국인으로는 최초로 도쿄대학 교수를 지낸 국제정치학자이다.-옮긴이.

도 있었다. 그래서 이 장에서는 임상심리학의 이론과 실천에 대한 견해를 밝히고자 한다.

임상심리학은 심리검사를 중심으로 하는 심리진단과 심리치료·상담 이 두 가지를 축으로 한다. 이 학문과 나는 40년에 걸쳐 인연을 맺어왔다. 그러나 의심 없이 열렬히 실천하고 연구에 종사했던 것은 초창기 15년 정도이다. 그 학문에 의문을 갖고 비판하기 시작하면서 자연스럽게 실천에서 멀어졌고, 임상심리학에 대해 생각을 거듭해온 세월은 25년 정도 되었다. 즉 임상심리학을 되묻는 일을 한 세월이 더 오래된 것이다. 현대 사회에서 인기를 모으며, 좋은 것 필요한 것으로만 믿고 받들어지는 이 학문에 의문을 갖는다는 것은 쉬운 일은 아니었다.

이 학문을 따지는 세월이 길어진 것에는 또 하나의 이유가 있다. 역설적인 이유인데 1990년대 일본에서 상담이 지나치게 유행하게 되었기 때문이다. 특히 최근 5~6년 동안은 '마음의 케어'와 '마음의 교육'이라는 말이 미디어에 등장하지 않는 날이 없을 정도로 사회에 널리 퍼지는 모양새이다. 이 풍조가 어쩐지 의심스럽고 이상하다는 생각이 들지만 도대체 무엇이 어떻게 이상한 것일까 하는 목소리도 이따금씩 듣는다. 임상심리학의 무엇이 문제일까에 대해 생각해온 내 입장에서는 이 현상을 주시하고 계속해서 생각하고, 이 물음에 대답해야만 한다. 이것도 하나의 과정일 것이다.

이러한 현재의 내 입장에 제기되는 질문은 크게 두 가지로 나눌 수 있다. 첫 번째는 '당신이 의문을 가졌다면 왜 더 좋은 상담을 추구하지 않았는가?'라는 것이다. 이에 대해서는 '개량의 문제가 아니라는 것을 알았기 때문이다' 이외에는 대답할 말이 없다. 사실 사람과 사람 사이에 심리학 기법을 대입하는 것 자체가 문제이다. 왜냐하면 이들 기법과 논리에 문제가 있다는 것을 자각한다면 개량한다는 발상은 가질 수 없다. 극단적인 표현이지만 '더 좋은 전쟁'이 있을 수 없는 것과 같은 논리이다.

그렇다면 '인간관계에 왜 상담과 심리검사를 끼워 넣는 것일까? 어째서 그것을 당연하게 여기는 사회가 출현하게 되었을까? 상담과 심리검사를 받지 않고 생활하기 위해서는 어떤 길이 있을까?'를 끊임없이 고민하면서 '더 좋은 상담'에 대해서는 관심을 두지 않았다. 또래상담peer counseling이라고 해서 대등성을 강조하는 입장이나 '부모역할 훈련PET' 같은 것도 보급되고 있는데, 그것들도 역시 부자연스러운 기법과 '실시하는 쪽'을 양성하는 강좌나 자격 등을 끼워 넣어서 인간관계를 우아하게 비틀고 있다고 생각한다.

두 번째 질문은 '그런데 어째서 임상심리학에서 멀어지지 않았는가'라는 것이다. 지당한 말씀이다. 내 친구는 젊은 시절 어느 강좌에서 상담을 배우기 시작했는데 '이거 완전 거짓이잖아'라는 느낌을 받았고, 강사에게 "당신은 마음이 비뚤어지고 고집이 세요"라고 지적당하고는 상담 공부를 깨끗이 그만두었다. 하지만 나는 계속해서 뭉그적거리며 의문에 연연하며 생각을 계속했다. 이해가 더디고 생각하는 데 시간이 필요한데다가 인간관계라는 주제에 대해 계속해서 생각하고 싶다는 동기도 있었고, 또한 계속해서 생각하지 않을 수밖에 없는 몇 가지 계기가 있었기 때문이다.

따라서 '왜 임상심리학에서 멀어지지 않았는가?'라는 질문에 대해서는 '비판을 계속하는 게 의미 있어서 연연해왔다'라고 할 수 있겠다. 그렇게 말하면 너무 무책임하겠지만 말이다.

사실 친구처럼 배우기 시작하자마자 바로 '이건 잘못되었다'라고 판별할 수 있는 능력이 내게는 없었다. 임상심리학의 양대 축인 상담에 대해서는 처음부터 위화감을 갖고 있었지만, 심리검사 그중에서도 로르샤흐 검사Rorschach test라는 투사기법에 관심을 갖고 십여 년 동안 연구하는 데 몰두했다. 10장의 잉크 얼룩으로 이루어진 이 검사에 대한 연구가 당시 일본에서 꽃피기 시작했을 무렵이라 이 검사에 관한 서적도 집필했다. 심리검사는 당연히 검사를 실시하는 쪽과 그것을 받는 쪽의 양자 관계로 이루어져 있는데, 나는 무의식적으로 '실시하는 쪽'의 입장에서만 이 검사를 일방적으로 '즐겼던' 것이다. 내 시야를 좁혔던 것은 아마도 모든 전문영역에서 발생하기 쉬운, 말하자면 집착에 가까운 연구열이었다.

이후 나는 검사를 받는 사람들의 이야기를 들었다. 환자였던 오노 모에코大野萌子는 이렇게 말했다.

"심리검사를 하는 것은 인간에 대한 무례가 아닐까요? 검사가 환자에게 얼마나 정신적인 중압감을 주는지를 구체적으로 말하는 것은 정신장애인이 질병의 고통을 구체적으로 말할 수 없는 것과 똑같이 불가능에 가까운 일입니다. 제가 문제 삼고 싶은 것은 질병이 검사로 인해 악화되지는 않을까 하는 것입니다. 검사를 하는 쪽에서 일상적으로 반복하는 작업에 다시금 의문을 가져주셨으면 합니다. 왜 그렇게 인간을 해부하는 건가요? 학문을 위해 의학을 위해서라고는 하지만 해부 같은 거 해주지 않으셔도 됩니다. 가만히 쉬게 해주세요"(일본임상심리학회日本臨床心理学会 편, 《심리검사·그 허구와 현실心理テスト・その虚構と現実》).

상대방에 대해 약간의 상상력을 갖고 검사를 받는 사람이 나라면 어떨지 입장을 바꿔 놓고 생각해보면 바로 알 수 있는 사실이 당시의 내 눈에는 들어오지 않았다. 전문가라는 함정에 빠진 것이다. 전문영역이라는 것은 일종의 문어항아리蛸壺이며 연구자는 세분화된 과제에 집중해서 바닷속 모습은 거들떠보지도 않고, 문어항아리 속을 낙으로 삼을 위험이 있다. 설령 그 행위가 바다를 더럽히는 것으로 이어지고 그 사실을 어렴풋이 깨닫는다고 하더라도 문어항아리 밖을 보려고 하지는 않는다. 오염이 확산되어 피해를 입는 사람이 늘어나더라도 자신의 문어항아리와 관계가 없다고 생각한다. 문제를 확인하면 자신의 위치가 위태로워지기 때문이다. 그 결과 사회적인 시야, 즉 일상을 사는 인간으로서 전체를 보는 시야를 잃어버리기 쉬워지는 것이다.

게다가 일단 전문성이라는 것을 익히고 나면 주변의 지도자와 동업자에게 환대받고, 사회의 '다수파'로 받아들여지고 인정받게 되며, 자신의 집착적인 연구심을 채워주기 때문에 쉽게 벗어날 수 없다. 심리검사를 할 때 "이런 기분 나쁜 검사는 하고 싶지 않았어"라고 표현한 피험자와도 만났지만, 검사를 '실시하는 쪽'에서는 이런 사람들을 '충격받기 쉬운 성향이다'라고 일방적으로 해석해버린다. 이 해석은 전문가를 지키는 구조이며, 나 또한 전문가에게 유리한 해석에 무심결에 의존해버리며 회피했다.

그러다가 자연과학자인 유아사 요시후미湯浅欽史가 다음과 같이 발표한 글을 읽었다.

"일단 몸으로 익힌 전문성을 따진다는 것은 자신이 깔고 앉은 방석을 스스로 빼내려고 하는 것 같은 어려움이 있다"(《임상심리학 연구臨床心理学研究》, 25권 1호).

과연 훌륭한 비유이다. 자신의 무게, 즉 연구경력, 이력과 입장이 올바른 사고를 방해한다. 그러나 깔고 앉아 있는 방석이 도대체 어떤 것인지 되묻기 시작하면 자연과학 영역과 마찬가지로 다른 영역에서도 비슷한 과제와 맞서고 있는 사람들이 있다는 것이 눈에 들어온다. 예를 들면 인간으로서의 한계를 인정하고 사는 것을 기준으로 해서 개발과 진보를 따지는 사람들, 좋다고 믿어온 교육을 밑바탕에서부터 따지는 사람들, 정신의료의 측면에서 '치료한다'라는 것이 무엇인지 따지는 사람들이 그렇다. 이렇듯 여러 움직임을 인식하면서부터 문어항아리에서 점차 해방될 수 있었다.

무엇보다도 내게 큰 영향을 준 것은 임상실천의 근본을 계속해서 반문해온 일본 임상심리학회의 활동을 알게 된 일이었다(이 활동에 대해서는 제2장에 설명하겠다). 1969년부터 시작된 이 움직임을 1970년대 중반에 알게 되었고 처음에는 먼발치에서 지켜보았지만, 1980년대부터는 학회에 들어가 많은 것을 배우고 느꼈다. 이후에 이 학회와 생각을 달리하게 되면서 1993년에는 같은 생각을 가진 사람들과 일본 사회임상학회를 새로이 만들어 꾸준히 활동을 이어오고 있다.

이렇게 물음표를 안고서 어찌되었든 멈춰 서서, 찬찬히 바라보고, 생각하며, 점차 같은 물음을 갖고 있는 동료들과 만날 수 있었고 결국에 나 나름대로는 더 납득할 수 있는 위치로 스스로를 움직일 수 있었다. 그리고 지금은 심리검사나 상담을 사용하지 않는 사람과 사람 사이의 관계가 마음이 편하고, 이것이 역시 사람이 살아가는 기본이라고 느낀다.

그런 세월 속에서 현재의 나는 임상심리학자가 아닌, 그렇다고 임상심리학에 무관심하지도 않은 이상한 위치에 와버렸다. 그래서 요즘에는 "전공이 뭐예요?"라는 질문에 "임상심리학론입니다"라고 대답한다. 그 '이론'의 내용을 말하기에 앞서 임상심리학의 한 축인 상담에 대한 의문의 시작을 말하고자 한다.

상담에 대한 위화감

내가 대학을 졸업한 때는 1960년 미국에서 들어온 임상심리학이 일본에 뿌리내리기 시작했을 무렵이었다. 졸업 뒤에는 1950년대에 일본에서 처음으로 만들어진 정신건강 영역의 연구소인 국립정신위생연구소의 연구생으로 들어가 선배들의 지도하에 심리검사와 심리치료·상담 연수를 시작했다.

당시 심리치료 영역에서는 '등교거부'에 대한 연구가 주목을 끌고 있었다. 지금은 학교에 가지 않는 아이가 꽤 있지만

1960년대 초반에는 그런 아이가 하나둘씩 상담기관을 찾아오기 시작하면서 연구 대상이 되었다. 그 때문에 신출내기 연수생이었던 나도 등교거부 연구반에 합세했다. 당시 그 아이들은 '무거운 마음의 병'을 가진 존재로 '학교공포증'이 있다고 보았기 때문에 이 연구반은 '학교공포증에 관한 연구반'이라고도 불렸다. 나는 젊다는 이유로 주로 초등학생의 놀이치료와 심리검사 연구를 담당했다.

그러던 중에 한 여자아이의 놀이치료를 진행하면서 나는 처음으로 상담을 받게 되었다. 나의 개인적인 문제 때문이 아니라 담당하고 있던 치료 상황이 벽에 부딪혀서 지도를 받는 면담이었다. 주 1회의 치료 과정에서 상대 아이로 인해 혼란을 겪고 있었던 탓에 나를 지도했던 심리학자에게 조언을 구했다. 그 심리학자는 당시 상담의 주류를 차지하고 있었던 칼 로저스Carl Rogers의 비지시적 요법에 따라 초짜 연구생인 나의 고민을 가만히 듣고, 내 말과 감정을 거울에 비춰내듯이 명확화했다. 그러자 나는 순식간에 스스로 해답을 찾아냈고 1시간 후에는 "잘 알겠습니다"라고 납득했다. 뭐랄까 마법에 걸린 것처럼 해답을 찾아낸 것이다.

그런데 그동안 지도 상담사는 '잘 듣고 그 내용을 되돌려 보내고' 있었을 뿐, 한마디도 자신의 의견을 말하지 않았다. 나는 스스로 말하고, 지도 상담사가 돌려보내는 말에 따라 나를 재해석했으며, 해답을 도출해서 문제를 스스로 해결한 것이었다. 그 일로 강렬한 인상을 받아서 지금도 그 장면은 내 기억에 선명하게 남아 있다.

그러나 그 강렬한 인상이 감격이나 감탄 같은 것은 아니었다. 쉽게 표현하자면 '대단하지만 뭔가 이상한' 것이었다. 결국 이 기법에 대해서 위화감과 불쾌함이 남았다. 내 체험을 들은 지인은 "아무렴 어때요, 금세 해답이 나왔으면 된 거죠"라고 말했지만, 나는 그렇게 간단하게 생각할 수 없었다. 상대와 대화를 나누는 것도 아니고, 상대의 생각을 통해 배우는 것도 아니고, 나를 비판하는 것도 아니다. 무엇보다도 상담사는 한마디도 자신의 생각을 말하지 않았다. 나는 상대에 대해 무엇 하나 알게 된 것도 아니고, 앞으로 참고가 될 만한 방법을 얻은 것도 아니었다. 기묘한 관계라고 밖에 말할 수 없다.

미리 말해두지만 이것은 상담사 개인 기량의 문제를 운운하는 것이 아니다. 그것이 상담 구조의 문제라는 것은 생판 초보 연구생이었던 나라도 알 수 있었다. 그 '첫 번째 체험'으로 인해 나는 상담 연수에서 은근히 거리를 두고, 그 위화감이 어디에서 생겼는지를 생각하며 임상심리학의 또 다른 축인 심리검사 연구로 기울었다. 다만 앞서 말했듯이 이 심리검사 연구도 역시 큰 문제를 만들어내고 있다는 것을 이후에 뼈저리게 느끼게 되지만 말이다.

상담을 처음 받은 뒤 이 효율적이고 기묘한 기법이 무엇일까라는 물음을 갖게 된 지도 벌써 40년이 흘렀다. 그 긴 세월 동안 그 물음은 부침을 반복하며 항상 내 안에 머물렀다. 물음이 사라지지 않았던 이유는 내가 그 뒤에 교육 상담직을 구해 상담과 관련된 일을 하게 되었고, 그 일에서 멀어진 뒤에는 상담이 사회에 급속도로 보급되고 퍼지면서 이 문제에 대해 억지로라도 계속해서 생각할 수밖에 없었기 때문이다.

그러다가 이제 와서야 비로소 뭔가 이상했던 나의 상담 경험을 설명할 말을 찾았다. 그것은 모범적인 상담사와 모범적인 내담자의 관계가 만들어낸 상황이었던 것이다. 어떤 상황인가 하면 권력관계 속에서 내담자가 '상대가 기대하는 해답'을 신속하게 탐지해낸 것이다. 망신을 당한 기분이지만 나는 상담 상황의 기대에 부응해서 '뛰어난 내담자'를 연기했고 암묵적으로 요구되고 있는 답을 불과 1시간 만에 자발적으로 내놓았던 것이다.

상담은 부드럽고 인간적인 관계기법으로 권력이라는 말과는 어울리지 않는다고 하는 견해가 있을 것이다. 하지만 상담사는 이해해주는 사람, 이끌어주는 사람으로 상위에 있고, 내담자는 고민을 갖고 있는 부족한 사람으로 하위에 놓여 있다는 것은 자명한 구도이다.

상담 장면의 기반을 마련한 사람인 칼 로저스도 장면의 정의에 그 의미를 포함시키고 있다. 즉 내담자는 통제되고 있지 않은 상태로 상처받기 쉬우며 불안을 안고 있다. 한편 상담사는 두 사람의 관계 속에서 통제되어 있으며 안정되어 있다. 이러한 조건이 내담자에게 좋은 변화를 초래하기 위해 필요한 조건인 것이다(칼 로저스, 〈치료적 성격변화를 위한 필요충분조건*The Necessary and Sufficient Condition of Therapeutic Personality Change*〉). 그렇지 않고 양자의 관계는 권력관계가 아닌 기본적으로 대등한 관계에 있다고 하는 사람도 있겠지만 그것은 궤변이다.

사실 상담사와 내담자가 대등하지 않은 상황은 부지기수로 많다. 오히려 대등하지 않은 경우가 많다. 단, 서로 간에 주고받음이라도 가능하다면 그나마 자연스럽다. 내가 문제로 여기는 것은 대등한 관계인 것처럼 자기결정을 인도하고, 침착하게 스스로 책임을 지도록 하는 상담 기법과 사상의 기만성이다.

상담사는 내담자의 말에 긍정적으로 귀를 기울인다. 자발적으로 상담을 받는 경우 내담자는 상담사의 태도에 격려 받고 적극적으로 자신의 내면을 이야기한다. 이때 상담사는 아무리 상냥한 태도로 대한다고 하더라도 권위를 가진 위치에 있다. 상대를 수용하는 태도를 갖고 있기 때문에 내담자에게 있어서 더욱 확고한 권력을 갖게 되는 것이다.

그런데 그 관계 속에서 이야기할 때 사람은 정말로 자유로운 것일까? 아마 일기를 적는 것보다는 자유롭지 않을 것이다. 상대가 사람이기 때문에 이야기하는 쪽은 상대의 의향을 어딘가에서 찾으려는 마음이 작용할 수밖에 없다. 내가 어떻게 이야기하고, 어떻게 변하기를 기대하고 있는지 모색하는 것이다. 명확하게 의식하지 않더라도 사람과 사람 사이의 관계에서는 그 배려가 작용한다. 특히 권력관계 속에서는 더욱 그렇다. 그리고 상담사가 자신의 생각을 말하지 않기 때문에 더더욱 내담자는 '좋은 아이'로서 해답을 내놓는 방향으로 자발적으로 기울어진다. 말하자면 자발적 적응이다. 교묘한 장치인 것이다.

여기서 상담사는 자신에 대해 말하지 않을 뿐더러 사회 체제의 가치를 대변하는 사람이다. 개인의 삶의 방식을 드러내지 않고 자신의 생각·가치관을 거의 말하지 않지만 무언의 권위는 사회의 체제적 가치를 대변하고, 결과적으로 사회적응을 촉진한다. 삶의 방식을 보여주고 있는 사람에게 '저 사람이라면 어떻게 말해줄까?' 하고 상담하러 가는 경우와 차이가 여기에 있다. 상담은 이렇게 부드러운 사회 관리 역할을 담당하고 있다.

젊었을 때 상담 상황에서 마음에 걸렸던 것은 부자연스러운 인간관계 속에서 자발적으로 '기대하는 해답'을 이끌어내는 보이지 않는 관리 구조에 대한 위화감이었다. 또한 거기에 자발적으로 나를 맞춰서 민첩하게 '좋은 내담자'를 연기한 내 스스로에 대한 꺼림칙한 여운이 남아서였을 것이다.

조금 긴 문장이 되어버렸는데, 쑥스럽게도 나에 대한 이야기가 많지만, 이 글에서 전개하려고 하는 마음의 전문가 비판에 대한 나의 출발점을 기술할 의도였다.

나중에 심리검사, 특히 로르샤흐 검사와 사례 연구론에 대해서는 다른 책에서 정리할 기회가 있었다(일본임상심리학회 편, '임상심리학적 인간관의 점검臨床心理学的人間観の点検', 《심리치료를 묻다心理治療を問う》).

그래서 이 책에서는 상담의 문제, 특히 상담이 최근 10년 사이에 사람들의 생활에 스며들고 있는 실상과 배경에 대한 고찰 및 그 문제에 대해 말해보려고 한다.

제1장

상담을 원하는 현대 사회

젊은 세대의 상담 관점

'마음주의'로의 편향

임상심리학에 의문을 갖기 시작했을 무렵, 나는 대학에서 강의를 하게 되었다. 그 수업을 오랫동안 맡아오며 최근 몇 년간 느낀 것은 학생들의 상담에 대한 관심과 기대감이 급속도로 증가하고 있다는 사실이다.

그 분위기는 1990년대 중반 무렵 눈에 띄게 두드러졌다. 당시 학교상담이 학교에 도입되기 시작했고, 매스컴이 쉴 새 없이 상담을 캠페인처럼 보도한 것이 직접적인 계기가 되었기 때문이다. 그러나 상담이 유행하는 데는 그만한 이유가 있을 것이다. 따라서 이 장에서는 현재의 상담 신앙이라고 부름직한 현상의 사회적인 배경과 사람들의 심정, 그리고 그 현상이 초래하는 현황에 대해 생각해보겠다.

'논의 같은 게 무슨 필요 있어? 틀림없이 좋은 거야'라는 분위기를 대하면 언제 어디선가 비슷한 분위기를 체험한 적이 있는 것 같다. 그것은 1960년대에 사회를 뒤덮은 '과학·기술신앙'이다. 과학이야말로 인류의 꿈이며 자연 정복과 개발의 시대가 도래했다는 열기는 현재의 '마음주의'를 향한 사람들의 심취 상태와 닮아 있고, 너무나 당연한 것이었다.

1960년대 초에 젊은 과학자였던 다카기 진자부로高木仁三郎는 과학기술의 가능성에 대한 무한신뢰를 주창한 과학역사가 존 버널John D. Bernal의 말을 다음과 같이 소개하고 있다.

"향후 몇 년 안에 인류는 과학과 기술의 변화를 통해 큰 영향을 받게 될 것이다. 그것은 처음에는 이미 공업화된 나라에서, 다음에는 전 세계에서 일어난 역사에서의 어떤 변화보다도 더 커다란 영향일 것이다."

그 이전인 1950년대에는 제2차 세계대전에서 사용된 원자폭탄으로 인한 재앙의 기억이 과학자들의 사상에 생생한 문제의식을 남겼고 '과학의 성과'에 대한 불안이 기저에 깔려 있었다. 그러나 그 뒤 10년 정도 지나자 과학자들의 불안은 사라져갔고 과학을 예찬하는 분위기가 된다. 다카기는 그 무렵 막연히 원자력 기업을 일자리로 선택했는데 그 배경에는 버널이 말한 것과 같은 과학과 기술의 장래에 대한 기대가 분명히 있었다고 말한다(다카기 진자부로, 《과학은 변화한다科学は変わる》).

그러나 다카기는 얼마 지나지 않아 미나마타병(수은중독) 같은 공해문제와 지구 환경오염에 대한 문제의식을 갖게 되었고, 과학자의 꽉 막힌 연구 양상과 거대과학 그 자체에 비판을 갖고 반원자력 발전 운동을 추진하기에 이른다. 다카기와 동년배인 나는 다카기가 기록한 1960년대의 과학신앙 일색인 분위기를 온몸으로 기억하고 있다. 그로부터 30년 뒤인 1990년대에 불기 시작한 '마음의 시대'와 마음의 전문가 신앙을 떠받치고 있는 현재의 열기를 언젠가 어딘가에서 체험했던 적이 있다고 한 것은 이러한 의미이다.

과학신앙, 마음의 학문신앙이라고 한 것은 신앙이라고 적었으니 당연히 종교 또는 신화를 의미한다. 어느 시대나 많든 적든 간에 당연하게 의지할 의존대상을 원하고 있을지도 모른다. 그 정도가 심해지는 시대는 사람들이 스스로 상황에 대해 생각하지 않는 시대, 또는 파시즘이 뿌리내리기 쉬운 시대로 특징지을 수 있을 것이다.

그렇다면 상담을 강하게 원하는 사회 배경으로 화제를 돌려보자. 1990년대에 들어서 상담을 긍정적으로 보는 경향이 더욱 강해진 상황을 이해하기 위해 나의 수업을 수강했던 학생들의 이야기를 예로 들어보겠다. 1996년 5월의 일이다. 그 바로 전년도에 학교상담이 공립학교에 도입되었고, 매스컴을 통한 보도가 증가하게 된 것과도 관계가 있었겠지만 그해에 임상심리학 수강생이 눈에 띄게 늘었다.

학생들의 말을 듣고자 했던 이유는 그런 상황에서 내가 오랫동안 강의해온 '심리검사·상담의 문제성'의 내용을 어떤 식으로 학생들에게 전달해야 할지 혼란스러웠기 때문이다.

50~60명 정도 규모라면 다짜고짜 토론 형태로 진행하는 것이 내 방식이지만 그해는 수강생이 200명이 넘었기 때문에 간단한 보고서 형식을 취했다. 그 답변은 예상했던 대로 상담에 대한 기대로 가득 차서 '내용은 잘 모르겠지만 어쨌든 간에 뭔가 좋은 것'으로 미화되어 있었다.

다음 장에서 이 내용을 분석해보겠지만 이것은 단순히 대학생만의 상황이 아닌 현대 사회가 마음의 전문가를 기대하는 배경이 되고 있다.

친구를 원하면서도 두려워하다

학생들에게 다음과 같은 질문을 던졌다.

"심리학적 상담이란 어떤 것이라고 생각하나요? 그 이미지도 포함해서 답변해주세요."

답변 가운데 가장 많았던 것은 '상담이란 적절한 지도와 조언을 해주는 것이라고 생각하며 그것을 기대하고 있다'였다. 그중에서 몇 가지를 뽑아 보면 '상냥하게 조언해준다, 좌절하고 있을 때 지지해준다, 좋은 암시를 주거나 조언을 해준다, 이끌어준다, 나아가야 할 방향을 알려준다, 필요한 정보를 준다' 등이다. '(해)준다'라는 말이 많은 것이 눈에 띈다. 실제로 상담의 기능이 그것과는 다르다고 해도 젊은이들이 갈피를 잡지 못할 때나 난처해 할 때, 고민할 때 좋은 조언을 해주는 사람을 찾는 것을 알 수 있다. 또한 상냥하게 이끌어주기를 바라고 있다. 상냥하게 대해주며, 상처주지 않는다는 이미지 때문에 상담의 인기가 높다. 그들은 대화상대와 상담상대가 부족한 이유로 상담을 강하게 필요로 한다는 것을 알 수 있다.

그들 주변에 어른이 없는 것은 아니다. 친구들이 없는 것도 아니다. 단지 신뢰하고 상담할 수 있는 관계가 흔들리고 있는 것이다. 대다수의 부모는 아이를 학교에 떠맡기고는 진심으로 아이와 마주하기를 피해왔을지도 모르고, 대다수의 교사는 학교에 대한 충성심을 기준으로 학생을 평가·관리하고 때로는 명령하며 사람 사이의 사귐을 소홀히 해왔다. 친구가 그나마 유일하게 안심할 수 있는 상대였는데 최근 들어 학교 안의 왕따가 화제가 되면서 그 관계마저 위태로워졌다.

'친구에게 약점을 보일 수 없다. 얕보이면 무시당하고 왕따 대상이 되어 친구 관계를 잃게 된다. 그렇기 때문에 무슨 이야기든지 할 수 있는 상대는 약점을 보여도 비밀을 지켜줄 상담사밖에 없다. 그것이 사고파는 관계라는 사실이 슬픈 일이지만……'이라는 표현이 친구관계조차도 불안한 현재 상황을 보여주고 있다. 이는 아이들끼리 개별적으로 경쟁하고, 가치가 매겨지고, 서로를 두려워하는 상황이 전개되었기 때문이다.

그러나 아이들에게 가장 소중한 존재는 역시 친구이다. 친구가 많이 있다는 사실을 타인과 자신에게 증명하고 싶어서 스티커 사진을 몇 백 장씩 모으거나 끊임없이 휴대전화 메시지 착신을 기다리는 행위가 그것을 보여주고 있다. 고등학생에게도 휴대전화는 구명줄 같은 것이다. 최근에는 통화료 절약을 위해 원링One-ring이라고 해서 전화 벨소리를 한 번만 울리고 상대의 휴대전화에 착신 기록만 남기는 방법이 있다고 한다. 한 고등학생은 다음과 같이 적었다.

"많은 친구에게서 착신이 와 있으면 '아 모두가 나를 생각해주고 있구나' 하는 만족감이 듭니다. 서로에게 원 링을 하면 이 사람과 나는 이어져 있다는 연대감을 느낍니다'(〈아사히신문〉 투고란, 2001년 7월 20일자).

친구와의 연대를 이토록 갈망하면서도 깊게는 관여하지 않으니 얕고 가벼운 관계일 수밖에 없다. 그렇기 때문에 많은 친구가 필요한 것이다.

전문가 측의 움직임

"왜 상담이 필요하다고 느끼나요?"라고 물어보면 사람들은 "나에게는 친구가 있기 때문에 상담은 필요 없지만 상담할 상대가 아무도 없는 사람에게는 필요할 것 같아요"라고 답한다. "그런 사람을 알고 있나요?"라고 다시 물어보면 "나는 모르지만 분명 어딘가에 있을 거예요"라는 대답이 10명이면 10명에게서 돌아온다. 아마도 '어딘가에 있는 사람'은 '혹시라도 그렇게 되어버린 나 자신'일 것이다.

사실 "지금은 말할 수 있는 친구가 있어서 괜찮지만 만약 안심하고 말할 수 있는 사람이 아무도 없다면 상담사는 보험 같은 존재다"라고 정직하게 적은 사람도 있었다. 안심할 수 있는 일상적인 관계가 연령층에 관계없이 약화되는 추세인 것이다. 그렇다면 신뢰할 수 있는 관계를 더 이상 잃지 않으면서도 안심할 수 있는 일상적인 관계를 다시 만드는 것이 중요하다.

그러나 상담이라는 직업의 보급은 그 '업계' 측의 자기선전으로 인한 부분도 크다. 마치 '다른 사람은 안심할 수 없으니 이쪽으로 오세요'라고 말하는 것 같다. 예를 들면 이 영역에서 가장 고명한 임상심리 전문가인 가와이 하야오는 학생상담에 관한 책에서 다음과 같이 서술한다.

"미국에서는 자신의 '진짜 고민'을 친구에게 말하는 일은 절대로 없다. 그렇게 하면 자신이 위험해진다. 그렇기 때문에 미국에서는 전문적인 상담사가 많다. 학생상담이 필요한 것도 당연하다. 일본은 미국과 완전히 똑같지는 않지만 미국에 가까워지고 있다"(가와이 하야오 외, 《학생상담과 심리임상学生相談と心理臨床》).

이것이 사실이라면 과연 미국의 뒤를 좇아가는 것이 바람직할까? 그것에 대해 생각해봐야 하지 않을까? 일본의 학생들 사이에서는 '친구에게 상담한다', '안심하고 상담할 수 있는 친구가 최고다'라는 말이 여전히 존재한다. 그런데 이 현상을 '뒤처졌다'라고 인식하는 것이야말로 위험한 사태가 아닐까?

젊은 세대가 상담을 필요로 하는 요인이 또 하나 있다. 그것은 고민이 있으면 즉시 해결하려고 하는 강한 욕구이다. 시간을 들여서, 시간에 맡겨서 상황의 전개를 기다리는 사고방식을 받아들이기 어렵다. 이제는 목이 마르면 수도가 있는 곳에 도착할 때까지 참는 것이 당연한 시대가 아니다. 바로 근처에 있는 자동판매기에서 취향에 맞는 음료수를 손에 넣는다. 욕망의 즉각적인 만족이 당연한 시대이다. 또한 모르는 것이 있다면 매뉴얼이 준비되어 있다. 그것이 서비스의 기본이다. '마음의 고민', 즉 삶의 고민도 즉시 해결할 수 없으면 이상하다. '왜 이 영역에는 그 시스템이 갖추어져 있지 않았을까?' 하는 그런 초조한 마음을 갖고 있을지도 모른다.

한 학생은 '고민의 해결에 대한 표식이 필요합니다'라고 말했다. 일찍이 고민 해결의 방법은 시간을 들여서 생각하는 것이었고, 사정을 잘 아는 주변 사람들 중에서 상담상대를 찾아 시간의 힘을 빌리는 것이었지만, 요즘 사람들은 문제를 재빠르게 해결하기 위한 조언 또는 지도 그리고 표식을 마음의 전문가에게 기대하고 있는 것 같다.

새로운 인간관리기법

자유롭게 결정하자. 단 상담사가 원하는 형태로

그런데 상담은 젊은이들이 상상하는 것처럼 시원스럽게 조언해주거나 의견을 주지 않는다. 문제해결에 관한 다양한 정보를 제공하지도 않는다. 학파에 따라 기법의 차이는 있지만 일본에서 상담 기법은 상담하러 오는 사람의 언어표현을 통해서 '자기결정'으로 이끄는 방법이 주류이다.

상담사의 이미지를 사람들에게 물어보면 '이야기를 잘 들어준다, 경청한다'라는 답변이 많이 나온다. 정답이다. 하지만 경청해서 어떻게 하는가가 포인트이다. 상담사는 자신의 의견을 직설적으로 말하지 않는다. 그렇다고 해서 자신의 생각을 가지고 있지 않은 것도 아니다. '나았다', '낫지 않는다'라고 말하는 데에는 어떤 기준이 있는 것이다.

'자기결정'으로 이끄는 방법이라고 앞에 설명했다. 그러나 아무렇게나 결정해도 된다는 뜻은 아니다. 단순하게 도식화하면 암묵적으로 상담사가 원하는 자기결정을 할 필요가 있다. 상담은 헤매고 있는 내담자와 '올바른 전문가'의 인간관계로 이루어져 있다. 그것은 당연히 권위와 의존의 상하관계이다.

전문가는 그다지 의식하지 않지만 내담자 측은 '어떻게 말하면 이 사람이 좋아할까. 어떤 나를 마음에 들어 할까'를 배려해서 말하는 경우가 많다. 그리고 사람과 사람 사이의 관계인 이상 상담사의 목소리 상태나 표정에 의향이 드러나는 것은 자연스러운 일이다. 부드러운 권력관계의 구도 자체가 내담자에게서 '상담사가 원하는 자기결정'을 이끌어내는 것이다.

이렇게 적다 보니 예전에 우연히 보았던 어느 TV 광고가 떠오른다. 요즘 신세대 젊은 엄마가 누군가를 향해 이렇게 말한다.

"그런 건 스스로 결정해. 나는 네가 아니니까."

대화의 상대는 화면에는 보이지 않지만 아마도 딸이나 아들, 혹은 남편일지도 모르겠다. 계속해서 당도를 알아서 조절할 수 있는 음료의 상품 설명이 나오고, 그 뒤 다시 엄마 역할을 하는 배우가 상대를 향해 말한다.

"그걸로 됐어."

마지막 말인 "그걸로 됐어"의 의미가 만약 '나는 당신의 결정 방식이 맞다고 생각한다'라는 의미라면 이 장면은 자기결정을 존중하는 방식의 상담 장면과 매우 닮아 있다. 평가 받고 심사 받는 자기결정인 것이다. 자유롭게 결정하지만 상담사가 원하는 형태이다.

앞의 "그걸로 됐어"는 '스스로 결정해도 된다'라는 의미로도 해석될 수 있지만 만약 그렇다고 하더라도 위로부터의 허가라는 것에는 변함이 없다. 그것은 자기결정을 가장한 지배의 한 형태이다. '스스로 결정하세요. 판정해드리겠습니다'라는 굴절된 구도는 심사기준을 찾게 하고 그것을 내재화하게 하는 모습을 드러내지 않는 압력이다. 그리고 결과에 대한 책임은 자신에게 있는 것이다. 상담사 본인은 자신의 생각을 직접 말하거나 하물며 무언가를 권하거나 하지 않기 때문이다. 굴절된 '지원', 부드럽고 교묘한 관리기법이라고 말하는 근거이다.

개개인의 자기개발을 요구하는 평생학습 노선도, 의욕・관심・태도를 가장 중시하는 학교교육도 '스스로 결정하자. 단 상담사가 원하는 형태로'라는 새로운 관리의 흐름 속에 있다.

그런데 "상담이 어떻게 이루어지는지 아십니까?"라고 여러 사람들에게 물어보면 "모르겠어요"라고 대답하는 사람이 대부분이다.

지금까지 나의 '해설'을 읽고 그런 기법이라면 왠지 비겁하고 기분 나쁜 관계라고 말하는 사람도 있을 것이고, 능숙한 지도 방법이다, 과연 프로라고 말하는 사람도 있을 것이다. "굴절되어 있어서 섬뜩하다"라고 말하는 사람도 있었고, "어차피 관리 받는 거라면 부드럽게 관리 받는 쪽이 낫다"라고 말한 사람도 있었다. 평가·감상이 딱 절반으로 나눠지는 것 또한 상담론의 특징이다.

마음의 전문가를 원하는 배경에는 인간관계를 갈망하면서 그것을 두려워하는 사람들의 심정이 소용돌이치고 있다. 그리고 각자가 마음의 전문가에게 개별적으로 의존함으로써 이 풍조는 한층 강해지고 악순환을 낳는다.

인간관계는 두렵지만 배제하고 싶지는 않아

안심할 수 있는 무언가에 의지하고 싶어 하는 불안감이 '마음의 전문성'을 주장하는 권위에 대한 의존심을 강화하고 있는 사태를 앞에서 살펴보았다. 가능하다면 일상적인 관계 속에서 안심하고 싶지만 그것이 뜻대로 되지 않는다며 사람들은 포기하고 있는 것 같다. 다른 사람과의 직접적인 관계를 두려워하는 기분은 모든 연령대에서 공통으로 느껴진다. 겁쟁이 세상이다. 대학생의 경우, 그 배경을 다음과 같이 설명할 수 있다.

우선 어렸을 때부터 어른들이 끊임없이 평가의 눈으로 보고 있다고 느낀다. '나는 부모님에게 항상 인정받지 못했다. 언제나 더 열심히 하라고 하셨고, 이만하면 충분하다고 인정받은 적이 없었다. 나를 어쨌든 인정해주었으면 좋겠다. 그 점을 상담에 바라는 것이다', '부모님과 선생님은 우리를 계속 평가하는 눈으로 보셨다. 즉 가치를 매겼다. 그래서 나 자신도 다른 사람을 그런 눈으로 보게 되었다. 서로에게 가치를 매기는 것이 우리들의 일상적인 인간관계이다' 등으로 그 심정을 표현하고 있다. 개인=자신이 강하게 의식하게 되는 정보·소비사회 속에서 다른 사람에게 인정받고자 하는 욕구는 가속화하지만 생각과는 다르게 어른들은 아이를 인정하지 않는다. 더욱더 열심히 하라는 말을 퍼붓는다. 아이·젊은이들이 종종 사용하는 '상처 받는다'라는 말도 이러한 상황과 관련이 있다.

그러나 부모들도 모두 입시경쟁 속에서 평가에 대해 항상 민감하게 살아온 세대이다. 내가 교실에서 만난 대학생들은 적어도 2대째이다. 부모세대는 인생의 과정에서 평가 받는 일상이 시작되었을지 모르나 2대째는 확실히 태어날 때부터 비교·경쟁의 파도 속에 있다. 부모의 기대치 때문에도 2대째의 중압감은 부모세대가 짊어온 것보다 훨씬 크다.

부모도 겁쟁이인데 아이는 더 겁쟁이, 즉 겁내는 병이 사회에 퍼지고 있다. 부모가 왜 아이를 독려하는가 하면 '아이의 됨됨이'에 따라 부모 자체가 평가 받기 때문이기도 하다. '가치가 매겨지는 인간관계 속에서 사람은 말을 잃는다. 안심하고 말할 수 있는 장소가 없다. 그렇기 때문에 상담의 부정적인 면을 어느 정도 지각하더라도 그에 대한 의존심, 신앙심이 남는 것이다'라고 젊은이들은 말한다.

상담을 원하는 배경에는 서로에게 가치를 매기는 경쟁사회가 펼쳐지고 있는데, 마음의 전문가는 기본적으로 몰사회적沒社会的·개인환원적으로 문제를 사회의 문제가 아닌 개인의 자질과 가족의 문제, 즉 개인의 문제로 몰아넣는 역할을 담당하고 있다.

경쟁사회 속에서 자신에 대한 두려움은 또한 타인을 배제하는 자세와는 모순된다. "친구의 두서없는 이야기를 듣는 것은 힘들기 때문에 상담이 필요하다"라고 정직하게 말하는 사람이 있었다. '성가신 일이 있는 것이 당연하고 그렇기 때문에 서로를 돕는 것이다'라고 사람들은 더 이상 생각하지 않는다. 하지만 한편으로 사람을 배제했다고 생각하고 싶지는 않다. 죄책감을 느끼지 않기 위해서라도, 마음의 전문가에게 플러스 이미지를 계속적으로 부여하고 있는지도 모른다.

상담을 받고자 하는 사람만 있는 것은 아니다. 상담사가 되고 싶은 사람, 마음의 전문가 지망자는 아주 많이 있다. 받고자 하는 사람보다 되고 싶은 사람 쪽이 많은 것은 아닐까 싶을 만큼 증가추세에 있다. 그중 한 사람이 솔직히 말해 주었다.

"나 자신이 혼자가 되는 것은 아닐까 두렵다. 하지만 상담사가 된다면 상담하러 오는 사람이 항상 있어서 혼자가 되는 일은 없을 것이다."

받고자 하는 사람도 되고자 하는 사람도 그 배경에 두려움과 고독에 대한 강한 불안을 안고 있다. 일상적인 관계로 시선을 돌리기 꺼리는 마음의 전문가 의존과 구제에 대한 갈망은 여기서도 악순환을 만들어내고 있다.

스스로 발전하라는 압력

상담을 원하는 배경에는 극도의 정보·소비사회를 떠도는 개인의 의지할 곳 없는 심정이 존재한다. 따라서 이 심정은 상담에 한하지 않고, 종교와 독재성과도 결부될 것이다. 투명한 캡슐에 한 명씩 갇혀서 외부로부터 평가되고 있는 듯한 기분이 세상을 지배하고 있다. 자기발전을 위한 노력, 자기책임, 개성의 육성, 규제 완화, 자유경쟁, 세계화, 하물며 승자와 패자와 같은 말은 공공연한 능력주의의 진행을 의미한다.

이러한 사회배경과 관련된 것일까. 학생들의 서술에는 공통된 말이 있다. '나다움의 발견' 같은 것이다. 상담은 틀림없이 자기 자신을 발견하게 해주고, 나다움을 끌어내주며, 본연의 나를 찾아낼 수 있고, 더 나은 내가 될 수 있게 해준다는 것이다. 사실 개인은 관계 속에서 흔들리는 상황적 존재로, 서로에게 영향을 주기 때문에 개별적으로 각각을 끄집어내는 것은 불가능하다는 나의 관점은 거의 통용되지 않고 있다. 이는 심리학 유행의 소산일지도 모른다. 캡슐 안의 자신을 확립시키고 성장시켜야 한다는 생각이 개인을 강조하는 단어들을 만들어내고 있다. 이는 물론 학생들에 한해서가 아니라 다른 연령의 사람들에게서도 자주 언급되는 말이다.

몇 년 전 수업에서 '진정한 나'라는 말이 논의된 적이 있다. 이 말이 한 토론의 흐름 속에서 빈번하게 등장했기 때문에 도대체 그게 무엇인지 물어보았다. 잘 들어보니 두 가지 의미가 있는 듯했다. 하나는 '주변 상황에 맞춰서 하고 싶은 말을 할 수 없는 나는 진정한 내가 아니다'라는 것과 또 하나는 '타인의 영향을 받기 쉽고 자신의 생각이 없는 것처럼 느껴진다. 독자적인 나다움을 발견하고 싶다'라는 의미였다.

한편 그 상황에서는 나오지 않았지만 '나에게는 스스로도 알지 못하는 경향, 재능과 위험성 같은 것이 숨겨져 있지는 않을까, 그것이 알고 싶다'라는 생각도 있는 것 같다. 심리검사가 유행하는 것은 이 때문일 것이다. 내 입장에서 보면 '하고 싶은 말을 할 수 없는 나'도 '타인의 영향을 받기 쉬운 나'도 틀림없는 나 자신이고, 이러한 다양함이 모여 내 자신이 된다고 생각한다. 모두 비슷하지 않을까? 다 그럴 것 같은데 말이다.

'진정한 나 찾기'의 유행에는 인간이 상호 관계 속에서 살아가고 있다는 관점이 결여되어 있다. 상담이 '진정한 나'를 발견하게 해준다는 환상적인 자아관이 깊숙하게 뿌리내리고 있다. 하긴 그런 종류의 사고방식에 화가 나서 "진정한 나? 너는 거기에 있잖아, 그 이상도 이하도 아니야"라고 그 자리에서 트집을 잡았던 학생도 있었지만 말이다.

만약 마음의 전문가들이 '진정한 나'라는 환상을 쫓는 것은 어리석다고 말한다면 그것은 말도 안 된다. 왜냐하면 마음의 전문가 자신이 그런 종류의 인간관을 보급시켜왔기 때문이다. 예를 들면 대학생을 대상으로 오랫동안 유행한 입문서에서 다음과 같은 글을 볼 수 있다. 그 책은 '상담은 어떤 식으로 현대의 인간소외에 대처하고 있는 것일까?'라는 물음을 던진다. 또한 '억압당해서 놓치고 있는 진정한 자신을 재발견하는 것'과 '상담사의 공감과 이해에 힘입어 있는 그대로의 자신을 드러냄으로써……' 등은 '진정한 나'의 개념을 강조하고 있는 것이다(미즈시마 케이치水島 恵一 외, 《상담을 배우다カウンセリングを学ぶ》).

'마음'이라는 시장

미국의 사회 · 문화적 배경

자신의 성장, 확립, 책임은 미국 사회의 전통적 과제이다. 상담은 이 테마와 관계가 깊다. 미국의 사회학자 로버트 벨라Robert Neelly Bellah는 문화현상으로서의 미국의 심리치료 문화를 비판적인 관점에서 주목하고 있다(로버트 벨라, 《마음의 습관*Habits of the Heart*》).

벨라에 따르면 20세기 미국문화의 윤곽은 경영관리자(매니저)와 심리치료사, 이 둘에 의해 그려진다. 이들의 명백한 유사점은 개인의 독립을 강조한다는 것에 있다. 둘 다 산업사회의 기능적 조직을 당연한 것이라고 여기고, 그것을 생활의 전제조건으로 삼아 적응하는 것을 목표로 하고 있다. 심리치료적 태도에는 미국문화의 전통적 개인주의를 강화하는 작용이 있다고 벨라는 지적한다.

미국문화 속에서 심리치료사, 상담사는 결국 '생활관리자

(라이프 매니저)'의 역할을 담당한다. 실패를 두려워하고 성공을 지향하는 개인이 경영관리자와 심리치료사를 고용해서 자신을 안과 밖 양면으로 관리하면서 맹렬하게 싸운다, 치열하고 고독한 싸움이 엿보인다. 사람이 주변 관계 속에서 편안함을 느끼는 생활은 멀어져 갈 뿐이다.

한편 개인주의의 전통이 없는 일본 사회의 경우는 어떨까? '만족스러운 인생을 실현하기 위하여 전담 심리치료사를 고용하고 있다'라고 하면 매우 신중하고 남을 시기하고, 의심하는 마음이 강해 보여서 '어쩐지 친해지기 어려운 사람'이라는 이미지를 피할 수 없다. 개인보다 관계로 살아가는 문화현상이 있기 때문이다. 인간의 상하·종적 관계가 모든 상황을 강하게 지배하는 일본 사회에서 상담사는 권위를 갖고 상위에 위치하는 것으로 이 사회와 타협한다. 이끄는 자, 구제하는 자, 다정하게 보호하는 자, 의존하고 싶고 보호욕구를 만족시키는 자로 기대 받는다.

그리고 그런 직업을 갖는 것이 꿈이라고 하며 상담사에 대한 환상이 짙어진다. 개인주의를 사회 기반으로 하는 미국 사람들은 개인생활의 충족감을 높이기 위하여 상담사를 '고용'하는 반면, 종적인 관계 속에서 상대적인 자신을 발견하는 일본 사람들은 의존하고 응석부리고 안식을 얻을 수 있는 장소를 찾아서 상담사에게 의지한다.

그러나 개인의 캡슐화, 원자화와 경쟁의 도식은 어느 사회에나 공통적이다. 학생들의 상담사에 대한 바람 속에는 '괴로워하는 자신을 편안하게 해준다', '편하게 살아갈 수 있는 성격으로 고쳐준다', '고민과 성가신 일을 정리해준다' 등의 표현도 있어서 '자신의 성장, 확립'에 대한 압력에 힘겨워하는 모습을 보여주고 있다.

개인의 성장, 개인의 확립이라는 과제를 전면적으로 부정하는 것은 나에게는 도저히 불가능하다. 일본 사회에 간신히 뿌리내리기 시작한 이 과제에 찬물을 끼얹는 것이냐는 비판이 있을 것이다. 그러나 환상은 갖지 않겠다. 이 과제가 새로운 관리와 하나 되어 우리를 에워싸고 사람을 고립시키는 것이 현실이다. 상담을 둘러싼 모든 문제가 그 사실을 드러내고 있다.

'관계'의 상품화

학생들의 보고서에서 눈에 띄는 표현 중 하나로 '선택지'라는 것이 있다. '고민거리를 상담할 선택지가 있다는 것은 좋은 일이다', '상담을 이용할지 말지는 각각 선택의 문제이다', '그 선택지가 있다는 것만으로 안심할 수 있다' 같은 것이다.

1990년대 학생들은 어렸을 때 혹은 태어났을 때부터 선택하고 소비하는 소비사회 생활이 익숙하다. 초콜릿 하나를 사더라도 부모로부터 "뭐 살래? 빨리 결정해"라는 말을 들으며 자라왔다. 나이를 먹을수록 문구류에서 티셔츠, 운동화나 CD,

나아가서는 수업과 진로까지 항상 선택을 강요당한다.

'살아간다는 것은 선택하고 구입하는 것'이 일상이 되고 있다. 그중에는 '아무래도 상관없는 것까지 선택을 강요당해서 스트레스가 쌓인다'라고 말한 젊은이도 있었다. 그러나 이런 생각이 주류는 아니다. 연령대가 내려갈수록 선택지가 많은 사회를 풍요롭다고 느끼고, 소비사회를 즐기며, 그곳에 어울리고 있는 것 같다.

모든 것을 상품화하려는 소비사회는 새로운 상품을 만들어냄으로써 목숨을 부지한다. 소비자 측은 상품화되지 않은 것을 불편하게 느끼고, 선택지가 적은 것은 변변찮은 것, 부족한 것으로 받아들인다.

상품으로 성립하지 않는 것은 금전으로는 살 수 없다는 것을 가리킨다. 내 또래의 구세대는 '돈으로 살 수 없는 소중한 것이 있다'라는 말을 들으며 자랐고, 그렇게 생각해왔다. 그것은 사람의 마음과 사람과의 관계, 즉 애정과 호의, 상부상조 등이 대표적인 것이다. 1923년 관동 대지진이 일어난 시기에는 '때가 때이니만큼'이 표어였다. '피차일반'이라는 의미가 담겨 있었을 것이다. 한편 1995년의 한신阪神·아와지淡路 대지진이 일어났을 때는 매스컴을 통해 전문가에 의한 '마음의 케어'라는 말이 알려졌다.

예전부터 들어온 '돈으로 살 수 없는 것'이란 불편함을 의미했던 것은 아니다. 인간관계를 돈으로 대신해서는 안 된다는 훈계와 금전에 의지한 해결의 한계를 시사하는 사고방식이었다. 젊은 세대가 그 사고방식을 부정한다고는 생각하지 않는다. '무엇이든 돈으로 해결하려 한다고 해서 할 수 있는 것이 아니며, 그렇게 생각하는 것은 문제'라는 의식은 지금도 공유되고 있다고 생각한다. 그러나 브레이크가 없는 소비사회는 상품화되어 있지 않은 것을 가만두지 않는다. 메마른 모래땅을 급속도로 덮치는 파도처럼 우리들이 서 있는 발밑을 상품화의 파도로 모조리 씻어내려 한다.

이렇게 해서 일본에서 1980년대 후반부터 급속하게 개발된 시장은 '마음'으로 지칭되었다. '마음의 시대'라고 불리는 것의 실태는 '마음'을 소비하게 하는 시대를 말한다. 실태를 더 정확하게 보면 그것은 '관계'를 상품화하는 것이다.

우리 사회는 거의 모든 것의 상품화・서비스화를 추진해왔다. 의식주는 물론이고, 신변의 문제는 변호사에게, 아이의 생활은 교육산업에, 간호・간병(돌봄)은 복지 서비스에, 사람의 출생에서 죽음까지를 의료에 의존한다. 장기・생명까지도 매매가 진행된다. 편안한 생활을 손에 넣은 대신 우리들은 그 사태로부터 보복을 당하고 있다.

돈으로 사지 않거나 또는 상품화를 망설여온 것이 아주 조금이나마 남아 있었다. 그것은 우리 생활의 핵심이 되는 부분, 즉 우리들의 기분, 감정 혹은 주변 사람들과의 관계의 영역이었다. 성性도 거기에 포함된다. 발밑에 아주 조금 남아 있는 메마른 모래땅, 그곳에 파도가 치면 우리들은 통째로 떠밀려 떠다니게 될 것이다.

살아간다는 것은 선택하고 구입하는 상황의 완성이다. 그 상황을 환영해야 할지 말지 마지막으로 남아 있는 발판에서 함께 충분히 생각해야 한다. 조금이나마 남아 있는 메마른 땅이 있다면 그것을 밟아 다져서 할 수 있다면 넓혀가고 싶다.

상담 의존의 결과

삶의 방식의 위탁

마음의 전문가를 원하는 배경에는 몇 가지 요인이 겹쳐 있는 것을 살펴보았다. 고도로 발달된 소비사회의 영향으로 개별성이 강조되는 생활에서 비롯된 관계 경험의 부족, 욕구는 그 자리에서 만족되어야 하고 고민은 바로 해결되어야 한다는 생각, 개인평가와 선별의 심화로 인한 불안과 상호 불신감, 자기확립·자기실현에 대한 강박관념, 자신을 인정해주길 바라는 욕구의 고조, 그러한 모든 조건이 전문가에게 의존하는 상황을 만들어내고 있다. 인정하고 경청하며 적절한 조언을 해주고 고민을 재빨리 해결하여 더 나은 나로 만들어줄 것이라는 기대가 있는 것이다.

이런 종류의 기대는 마음의 전문가에게만 한정된 것은 아니다. 예를 들면 미용실에서는 헤어스타일 상담이라고 부르고, 피부 관리숍에서도 '피부 상담'이라고 부른다. 고객의 희망·심정에 귀를 기울이고 호의적으로 상담에 임하며 고민을 개선할 방법을 생각하고, 더 아름다운 모습을 지향하며 고객에게 만족을 주고자 한다. 미용뿐만 아니라 일상의 쇼핑, 스포츠, 투자 등 다양한 분야에서 이 말과 행위는 광범위하게 퍼져 있다. 세분화·분업화된 사회에서 각 분야의 정보를 고객에게 제공하고 상담해주는 일은 필수적이다. 그런데 왜 '마음의 문제'만을 헐뜯는 것이냐고 사람들은 말할지도 모른다.

그에 대해 우선 한마디로 대답한다면 '마음의 문제'라고 하는 것은 사람의 삶의 방식의 과제에 직결되어 있기 때문이다. 삶의 방식을 전문가와 행정기관에 맡긴다는 것은 자기 발로 걷지 않고, 스스로 고민하지 않고, 권위를 가진 자에게 적당히 활용되는 것으로 이어진다. '올바른 삶의 방식을 지도받는다'라는 것은 수동적인 마음가짐이다. 이런 경향이 우리 사회에 고조되고 있다는 것을 느끼고 있는 사람이 꽤 있을 것이다.

그러나 마음이라고 불리는 감정과 생각을 전문가에게 맡겨버리면 뒤에 남는 것은 무엇일까? 지갑을 열고 닫는 자신만이 남는다고 해도 과언이 아니다. '살아가는 것은 구입하는 것'이라는 길만 기다리고 있을 뿐이다.

이러한 우려에 대해 최근에 큰 화제가 되고 있는 '아동 학대' 문제를 바탕으로 생각해보겠다. 이는 요즘의 가족에 대해 행정기관과 전문가가 중심적으로 관여하고 있는 테마 중 하나이다.

아동 학대 증가가 나타내는 것 1)

1990년대에 들어서 학대사건이 증가하고 있다. 아이는 어른이 생각하는 대로 되지 않는 존재이기에 어느 시대에서나 아이는 어른에게 꾸중을 듣기도 하고 맞기도 했다. 물론 그것이 좋다고 생각하는 것은 아니지만 어른도 짜증이 날 때가 있다. 지쳤을 때는 참을성이 없어진다. 무심결에 아이에게 모질게 대하고는 울며 잠든 아이의 볼에 남아 있는 눈물자국을 보고 '아 몹쓸 짓을 했구나'라며 자책하곤 한다.

그런 식으로 많은 부모와 아이들은 살아왔다. 혼을 내기도 하고, 안아주기도 하고, 화를 내거나 응석을 받아주면서. 부모라도 아이에게 항상 일관적인 태도를 취할 수는 없다. 꾸짖으면 누군가가 중재해주고 아이가 누군가의 곁으로 도망을 가기도 하면서 시간이 흐르고 아이는 성장해간다. 아이를 성가시게 하는 부모라도 관계가 닫혀 있지 않다면 대부분의 일은 타협된다. 부모 자식의 관계는 어느 시대에나 그럴 것이다.

다만 '관계가 닫혀 있지 않다면'이라는 한마디가 중요하다. 학대가 이루어지는 장소는 늘 닫혀 있다. 말을 걸어주는 사람, 쓸데없이 참견하는 사람이 사라지고, 서로에게 무관심해지면 학대는 증가한다. 인간관계가 어디든 닫히는 것에 우리들이 위기감을 갖지 않는다면 이러한 상황을 바꿀 수는 없다.

---

1) 아이들과 부모에 관한 필자의 책으로는 《아이들의 권리 부모의 권리》가 있다.

그런데 사태는 다른 방향으로 나아가고 있다. 사람들이 친밀해질 수 있게 지원하는 것이 아닌 전문가와 행정을 통한 충실한 대응 방향이다. 사람들은 걱정거리가 있으면 가족에게 직접 말하지 않고 행정기관에 제보한다. 1999년도 아동상담소의 상담 건수는 10년 전에 비해 10배 증가한 1만 건 이상, 주변에서 제보한 건수는 이전 해인 1998년도의 4배가 되었다고 한다('아동상담소에서 알게 된 것児童相談所から見えてきたこと', 《사회임상잡지社会臨床雑誌》, 9권 1호).

'최근 학대하는 부모가 증가하고 있다'라고 보도되고 있지만 반드시 그런 것만은 아니다. 사실 학대에 초점을 맞추고 행정기관과 전문가가 대응하는 건수가 늘고 있는 것이다. 다음에 기술할 도쓰네戸恒香苗와 세가와瀬川枝子는 둘 다 아동상담기관에서 일하고 있는데 오늘날의 학대문제를 둘러싼 사회의 동향에 의심을 품고 있다. 상담현장에서 흘러나온 의심을 그 기록을 통해 몇 가지 인용하도록 하겠다.

첫째로 매스컴의 부채질로 학대에 대한 불안이 만들어지고 퍼지고 있는 것은 아닐까 하는 것이다. 2000년 11월에 학대방지법이 시행된 뒤 '학대할지도 모른다'라는 불안을 호소하는 부모가 많아지고 있다. 그간의 매스컴 보도가 육아 불안을 부채질하고 있는 것은 아닌가 싶다. 학대에 대한 불안은 한 걸음 더 나아가서 '아이를 싫어해서 학대할 것 같다. 그래서 다른 사람이 키워주면 좋겠다'라는 말로 이어진다. 매스컴 보도에 붙어서 심리학이 내보내고 있는 지식을 어떻게 무너뜨려 갈지가 큰일이다. 전문성을 내세운 매스컴 보도에 끌려다니는 사회가 이 현상을 만들어내는 면이 있다. 실제로 알고 지내는 젊은 엄마에게 개인적으로 학대불안에 대한 이야기를 듣게 되는 요즘이다. 어른아이Adult Children나 부모로부터의 폭력의 대물림과 같은 심리학 정보도 그것과 얽혀 있는 부분이 많다.

부모의 적성 판정

두 번째로 행정기관과 전문가들이 상위의 입장에서 부모를 판정하는 구도가 진행되고 있다. 학대 방지 매뉴얼이 있어서 부모 자식 관계에서 골라낸 것이 항목에 들어맞으면 학대가 된다. 객관적으로 실시하는 것처럼 보이지만 역으로 보면 두렵다. 부모가 알지 못하는 곳에서 학대가 되어버린다. 학대라고 판단되면 '아이를 제일로 생각해서 그 환경을 정리하는 것'이 최우선시 되어 아이를 키울 수 없게 되는 부모의 마음은 관계자들 사이에서는 가장 뒷전이 된다고 도쓰네는 말한다. 부모보다도 양부모가 만족스러운 양육환경을 가지고 있다는 암묵적인 판단, 부모의 자격이라고 하지는 않지만 그렇게 보는 복지사의 시선이 있다. 누구나 조금은 부족한 부모 밑에서 자란다. 얼마나 부족한지에 대해 아무도 선을 그을 수 없다. 내 아이에게 침착한 대응이 가능한지, 사회성이 있는지, 양부모와 부모가 비교당한다면 지는 거다. 부모가 판정의 대상이 되고 있다.

도쓰네의 친구인 한 부모가 아이를 학대한다는 '판정'을 받았다. 그 아이들은 엄마의 부족한 부분을 당연한 듯 자신들이 채워왔다. 학교에 제출하는 서류는 엄마에게 설명하며 적었고, 엄마가 화가 나 있을 때는 자기들이 알아서 밥을 먹었다. 이것은 그야말로 부모 자식 사이의 세계이며 '그것이 좋다 나쁘다'라고 말할 것도 없이 그럴 수밖에 없는 것이다. 이 아이들에게는 좋은 부모를 찾아줄 게 아니라 어떻게 하면 그 가족과 관련 있는 사람들이 자주 드나들고, 도울 수 있을까를 생각해야 한다.

아주 오래전에 알고 지내던 여자아이에게 들은 이야기가 생각난다. 그녀는 아버지에게 자주 얻어맞았는데 "맞을 때 맷집만큼은 엄청나게 좋아졌어요"라며 웃었다. 그 아이는 이렇게 말했다.

"다들 어느 집에서나 얻어맞고 있다고 믿었는데 학교에 들어가서 친구들은 그렇지 않다는 것을 알고 깜짝 놀랐어요."

'학대방지법이 있는 지금이라면 좋았을 텐데'라고 생각하는 사람이 있을지도 모른다. 하지만 아버지는 난폭할 때도 있지만 아이를 한없이 예뻐할 때도 있고, 그런 가운데 그녀는 더할 나위 없이 활기차고 씩씩하게 자랐다. 물론 학대를 방치하라는 뜻은 아니다. 그러나 부모 자식 관계는 도쓰네가 말한 대로 부모 자식 사이의 세계라서 비교할 문제는 아니다. 부모의 모습도 복잡하다. 체크리스트로 나타낼 수 있을 정도로 사람은 단순하지 않다. 아이가 살해당했다는 보도를 보거나 듣게 되는 것은 너무나 괴롭지만, 그런데도 왜 아이가 도망치지 않았을까 생각하면 부모가 좋았을 때도 있었을 거라고 상상한다. 매스컴 보도만으로 우리들은 '괴물 같은 부모상'을 마음대로 상상하기 십상인데, 그것은 관객석의 독선이라고 생각한다.

'수동적인 소비재'의 길

도쓰네와 세가와가 말하는 세 번째 문제는 어른이 아이와 소통할 수 없는 현실이다. 행정기관과 전문가가 '올바른' 기준으로 대응하고자 하면 부모는 거기에 떠넘기면서 혼란스럽고 우울한 마음에서 손을 떼려 한다. '아내가 아이를 심하게 대하는 것 같다며 판단을 듣고 싶어 찾아온 아버지가 있었다. 자신이 몸을 던져 행동하는 것이 아니라 다른 사람에게 부탁해서 책임을 회피하려고 하는 것이다. 자기의 일을 스스로 생각하지 않는 사람들이 있다. 자신들이 이혼하는 바람에 아이들이 상처를 받았으니 상담을 해주면 좋겠다고 하거나 엄마가 돌아가셔서 상담을 해주면 좋겠다는 의뢰를 하기도 하고, 이혼하려면 아이가 몇 살일 때 하면 가장 상처를 덜 받을지 같은 질문을 한다. 무슨 일이 생기기 전부터 말을 꺼낸다.

부모는 이제 아이의 문제를 접하는 것이 힘에 부치는 듯하다. 아니 귀찮은 것일지도 모른다. 아무튼 상처받는 건 어른이 더 두려워한다. 만회할 수 없다고 생각해서 겁내고 있다고 밖에는 생각할 수 없다.

유행어인 트라우마를 겁내면서도 부모들이 트라우마를 키우고 있다고 도쓰네와 세가와는 약간의 농담을 섞어서 상담업무에 종사하고 있는 자신들의 위치를 따져 묻는다.[2] '심리학의 상식에 사로잡히고 싶지 않았지만 상대의 말로 부모 자식을 판정하고, 결국 부모 자식의 역량 부족을 판별해 함께 생각하자는 결과가 되었다면서 말이다. 사실 오랜 습관이 몸에 밴 것을 알아채는 것은 힘든 일이다.

두 사람 모두 끊임없이 전달되고 있는 전문용어와 개념을 무너뜨리고 유망한 전문가의 옷을 벗어던지며 맞서는 사람들이다. 주저함 없이 판단하기보다는 헤매는 편이 낫다. 매일 시달리지만 이렇게 하자 저렇게 하자 궁리하며 아이를 억압하기도 하면서, 주변의 어른들이 참고 견디는 수밖에 없다. 사람은 어떻게 변할지 알 수 없다. 부모들도 매일 아이와 소통하면서 처음에는 당황스럽지만 익숙해지면서 극복하는 세계를 수없이 체험했을 것이다. 부모가 주변과 관계 맺지 못한 것은 전문가에게 의지하는 우리들의 삶의 태도 때문이다.

2) 일본어로 토라とら는 호랑이, 우마うま는 말인데 트라우마를 호랑이와 말とらとうま에 비유한 것이다.-옮긴이.

상담을 받는 쪽은 사람들과의 생활의 폭을 좁혀서는 안 되고, 그것에 민감해야 한다.

이곳에서는 자신과 상대방이 함께 전문성의 틀을 부수고 그 앞에 다양한 일이 펼쳐지는 보통의 생활을 받아들이는 세계를 목표로 하고 있다.

전문가와 행정기관에 삶의 방식과 생활을 맡기는 위험은 구체적으로는 도쓰네와 세가와가 지적하고 있는 사태로 다다르고 있다. 즉 일상생활의 중심에 있는 인간관계, 다시 말해 이웃과 친구, 지인, 부모 자식과 부부의 관계를 자신들이 직접 받아들이는 대신에 전문가 같은 인수처에 간단히 위탁하려고 한다.

관계를 어떻게 받아들이는가 하는 것은 삶의 방식의 기반이지만 그것은 수고스럽고 시간이 걸리며 모색과 고안, 참을성이 필요한 것이다. 그렇기 때문에 내 것 우리 것이라고 느낄 수 있다. 그러나 인간관계에 관여하는 인수처가 출현하면 거기에 위탁하려는 경향이 생긴다. 더구나 전문성이라는 미명하에 '바람직한' 방법이 된다. '편하게 적당히 살게 해주면 좋겠다'라는 바람과 업으로 그 일을 하는 이상 거기에 반응하고, 고객을 늘리고자 하는 소비사회의 법칙이 부응해서 그 흐름을 가속화시킨다. '올바른 부모 자식 관계, 인간관계'의 틀로 사람들을 관리하려 하는 행정기관의 움직임이 거기에 가담한다. 이런 사태를 묵인해버리면 사람은 스스로 살아가는 능동적인 존재가 아니라, 타인이나 어떤 권위에 의해 살아가게 되는 수동적인 소비재가 되어 더욱 떠돌게 될 것이다.

이 악순환을 어떻게 멈출 수 있을까?

제2장

마음의 전문가가 하는 일과 그 문제들

'마음의 시대'란 무엇을 말하는가

'물질에서 마음으로'라는 의미인가

'물질의 시대는 끝나고 마음의 시대가 도래했다'라는 표현을 우리들이 보고 듣게 된 것은 1980년대 중반 무렵이다. '마음'이 시대의 키워드가 되고, '마음의 전문가'라는 말이 등장한 것도 이 무렵의 일이다.

'마음의 시대'라는 말은 듣기 좋다. 그러나 이토록 애매하고 종잡을 수 없는 말도 없을 것이다. 여기서는 우선 이 말이 어떤 시대배경을 바탕으로 등장한 것인지를 살펴보겠다.

1985년 나카소네 야스히로中曽根康弘 수상은 정무 시행계획을 연설하면서 다음과 같이 말했다.

"일본 경제는 최근 2년간 제2차 석유파동의 영향에서 벗어나 활력을 되찾았고, 새로운 발전의 기초를 다지고 있습니다. 물질의 시대에서 마음의 시대로 나아가려는 열의는 교육개혁에 대한 강렬한 기대로 나타나고 있습니다."

그리고 같은 해 나카소네 내각 직속으로 설치된 임시교육 심의회는 이후 자유화, 개성화, 국제화라는 이름의 새로운 경쟁원리를 제시하는 보고서를 발표했고, 그 뒤 '마음의 교육'이 심리주의와 도덕교육의 모습으로 학교현장에 등장했다.

'마음의 시대'란 교묘한 복제이다. 마치 앞으로는 물질적이고 삭막한 시대가 아닌 느긋하고 따뜻한 시대가 올 것이라는 기대를 갖게 하는 문구이기 때문이다. 그러나 이 부드러운 말과는 반대로 사회의 중압감은 계속해서 고조되었다. 그것은 이 말이 일본의 경제 전략으로 등장한 것과 관계가 있을 것이다.

1986년에 요미우리신문사에서는 '쇼와昭和란 무엇인가'라는 연속 심포지엄을 개최했다. 제3회는 '전쟁 후의 개혁과 장래상'이라는 주제로 앞으로의 사회 양상을 모색했다. 그중 다카이야 타이치堺屋太一는 '물질을 많이 소유하는 것이 행복이라는 사상이 붕괴되기 시작한 지금, 다가오는 개성화·다양화의 사회에 어떻게 적응해갈 것인가'라고 문제를 제기했다.

이에 대응해서 '물질에서 마음의 시대로 변화하고 있다. 물질에서 얻을 수 있었던 행복감이 달라지고 있다', '이제 단순히 돈만으로 노인문제를 구제할 수 없다고 하면, 인간관계 같이 부드러운 부분까지 포괄해서 물질이 아닌 마음이라는 문제를 어떻게 할 것인가?' 등 토론회 참가자의 발언이 이어졌다. 이처럼 1980년대 중반에는 '마음의 시대'에 대한 논의가 등장했다는 것을 알 수 있다.

여기서 주의해야 할 것은 '물질에서 마음으로'란 '무엇이든 금전(돈)으로 손에 넣을 수 있다는 사고에 대한 반성을 의미하고 있는 것인가?'라는 물음이다. 일찍이 어른들은 사람의 마음과 관계의 중요성을 설명하고자 '돈으로 살 수 없는 소중한 것이 있다'라며 아이들을 타일렀다. 그러나 '물질에서 마음으로'는 과연 그런 의미일까?

앞의 심포지엄에서 다카이야 타이치는 '물질에서 마음으로'란 밀이나 철 같이 양적인 것에서 디자인의 유행과 같은 마음의 측면으로의 변화라고 언급했다. 자본주의 경제의 미래는 상품의 내용이 눈에 보이는 것에서 보이지 않는 것으로 변한다는 것이다. 즉 요구되는 소비재가 달라지고 있으며, 그 사태에 적응하려고 하는 것이다. 그렇기 때문에 '마음의 시대, 물질에서 마음으로'를 나름대로 번역한다면 그것은 '마음의 물질화, 상품화 시대'가 온다는 것이다.

그 흐름은 급속도로 강화되어 '눈에 보이지 않는 신상품'을 새롭게 만들어내고, 동시에 문제도 일으키면서 현재에 이르렀다. 상담과 '마음의 케어' 계몽과 보급 또한 그 일환이다.

'마음의 사업'의 시작

이러한 시대경향을 상징적으로 보여주는 한 신문보도를 살펴보겠다. 도쿄 아키하바라의 한 전자제품 매장을 둘러싼 이야기이다. 이 전자제품 매장은 TV 제조판매와 볼링장 체인화 등으로 성공하여 유통, 레저 부문까지 경영을 전개한 '미나미 그룹'을 대표한다. 미나미 그룹은 1986년에 선뜻 50억 엔을 기부해서 아키하바라 거리에 처음으로 미술관을 세웠는데 개관할 당시 다음과 같이 말했다.

"과거에 중점 상품이었던 세탁기와 전자레인지가 팔리지 않게 되면서 구매 고객의 발길을 붙잡기 위해 (미술관 설립을) 고안했습니다. 종전 후인 1958년(쇼와23년)에 이 땅에서 라디오 부품 도매를 시작해서 돈을 벌었습니다. 앞으로는 마음의 시대에 도움이 되는 일을 하고자 합니다"(〈요미우리신문〉, 1986년 9월 28일자).

미술관에서는 달리의 작품을 대량으로 구입했고 나아가 아키타 다자와코마치秋田田沢湖町에 금색 대관음상을 건립했다. 이후 종교법인과 결부되어 납세를 둘러싼 문제가 발생했는데 신문에서는 이렇게 보도하고 있다.

"마음의 시대라고 하며 기업이 종교 분야에 진출하는 종교사업이 유행처럼 일어나고 있다"(〈요미우리신문〉, 1988년 1월 8일자).

여기서 마음의 시대는 '마음의 사업'으로 해석된다. 사실 이 예는 매우 노골적인 것이다. 그렇기 때문에 '마음의 시대'라는 미사여구가 내포하고 있는 '마음의 물질화·상품화·이윤추구'의 한 측면을 선명하게 드러내고 있는 것이기도 하다. 이런 공공연한 '돈벌이 이야기'는 예외적이며 특수한 예라는 식으로 분리시킬 수 없다. 마음의 시대라는 구호와 함께 각광 받아온 '마음의 교육'과 '마음의 케어'도 그것과 무관하지 않다.

그렇다고 해서 모두 그런 것만은 아니다. 예를 들면 다음 장에서 살펴볼 '죽음의 임상'에서는 '인간을 물질화하는 의료'를 '물질에서 인간으로' 변화시키려고 끊임없이 노력한 임상의들의 귀중한 노력도 있다. 그러나 의료 전체의 구도를 살펴보면 한편에서는 환자의 생명에 우선순위를 매기는 한층 더 냉혹한 물질화가 뇌사·장기이식의 형태로 진행되고 있다. 상황이 더욱 복잡해진 것이다.

'마음의 시대'라는 말의 유행과 마음의 전문가의 확산은 당연히 관련이 있다. 현재 '마음의 전문가'라고 불리는 직종을 둘러싸고 학회에서는 오랜 논쟁이 있었다. 그것을 아는 사람은 많지 않을 것이다. 이 장에서는 이러한 논의를 바탕으로 마음의 전문가의 문제성에 대해 생각해보겠다.

마음의 전문가는 어떻게 등장했는가

역사적 경위와 학회 논의

'마음의 전문가'는 임상심리사Clinical Psychologist를 뜻한다. 인간의 정신적인 고민에 대한 일을 한다. 그 일은 정신과 의사와도 공통되는 것인데 '마음의 전문가'라고 할 때는 정신과 의사보다는 임상심리학 영역의 실천가를 가리키는 경우가 많으며 이 책에서도 그렇게 사용하고 있다.

'마음의 전문가'라는 말이 등장하고 세상에 보급된 지는 오래되지 않았다. 적어도 1980년대 이전은 아니며 주로 매스미디어를 통해 확산되었다. 그보다 이전에 의료와 교육 분야에서 일하는 심리상담직 종사자들은 '심리학자'나 '임상심리사', '심리인', '상담 선생님' 등으로 불렸고 스스로 "심리사입니다"라고 소개하곤 했다.

1980년대 중반 무렵 '마음의 전문가'라는 표현법이 등장하고 세상에 확산되기까지 학회에서는 이 직업을 둘러싼 길고 치열한 논의가 있었다. 그 논의는 1969년부터 시작되었는데 그 내용은 다음과 같다.

임상 심리사, 이른바 '마음의 전문가의 자격'을 지금으로부터 50여 년 전에 만들려고 했던 것을 아는 사람은 거의 없을 것이다. 그 준비는 이미 1963년부터 시작되었다. 당시 심리학과 관련된 여러 학회 등 19개 단체가 모여서 '심리기술자 자격인정기관 설립 준비회'를 세웠고 1969년에는 인정 신청 접수 개시만을 남겨 놓고 있었다. 그런데 바로 직전에 일본 임상심리학회 내부에서 논의가 발생했다. '우리가 만들려는 자격은 누구를 위한 것인가? 환자·내담자에게 도움이 되는가? 우리의 일은 환자와 내담자에게 어떤 내용과 의미를 갖는가?'라는 물음이었다. 그러던 중 눈앞에 있던 자격인정 접수는 학회 회원 대다수의 의견으로 중단되었고, 이 논의를 심화하기 위해 후지와라 요시하루藤原睦治를 위원장으로 하는 '일본 임상심리학회 개혁위원회'가 1971년에 발족했다.

당시 학회의 자격문제 검토 소위원회 위원이었던 와타나베 준渡部淳은 추후에 이 시기를 회고하며 이렇게 적었다.

"자격은 학생을 위한 것이다, 현장에 있는 사람을 위한 것이다, 업계에 있는 사람을 위한 것이다 하며 다투고 있지만 본래 환자나 내담자들을 위해서 필요한 것이 아닐까요? 그것을 출발점으로 다시 한번 생각해보려는 것입니다. 또 하나는 우리 임상심리업계를 위해서입니다. 과연 우리는 그렇게 좋은 일을 하고 있는 것인지 재인식의 관점에서 보게 된 것입니다"(《임상심리학 연구》, 25권 3호).

또한 당시 병원 정신과에서 일하던 스즈키 신지鈴木伸二는 학회에서 논의가 한창일 때 다음과 같이 기록했다.

"사실은 전문적 기술에 얽매이지 않고 환자의 입장에 초점을 맞춰 일하는 것을 최우선으로 해야 하며, 그런 상황에서 우리의 임상심리학은 재출발해야 합니다"(《임상심리학 연구》, 10권 1호).

즉 '임상심리학의 실천과 이론은 누구를 위한 것인가? 그것을 받는 쪽, 하는 쪽에 있어서 과연 도움이 되고 있는 것인가?'라는 당연한 물음이 학회의 장에서 활발하게 시작되었다는 것이다.

그 뒤 연 1회 개최된 학회총회에서는 매년 임상심리학과 그 실천의 반문을 둘러싼 여러 가지 심포지엄이 열렸다. 1973년에는 '심리검사에 대한 총 점검', 1975년에는 '정신의료에서의 심리치료 점검', 1978년에는 '치료관점의 재검토' 같은 식으로 점검과 논의가 거듭되었다. 1981년에는 '임상심리사의 자격문제를 고찰한다'를 논했다. 또한 같은 시기에 《심리검사·그 허구와 현실心理テスト・その虛構と現実》, 《심리치료를 묻다心理治療を問う》라는 단행본이 출판되었다.

그러나 한편으로 임상심리사 자격을 수준 높게 만들려고 하는 다른 학회의 대조적인 움직임이 활발해지기 시작하면서 1988년에는 '일본 임상심리사 자격인정협회'가 민간 수준에서

만들어져 자격을 발행하기 시작했다. 이듬해, 임상심리학과 그 실천에 대해 되물어온 일본 임상심리학회는 학회지 별책 《'마음의 전문가'는 필요한가? '心の専門家'は必要なのか?》를 발행하고 1987년에 자격 제정을 추진한 일본 심리임상학회와 합동으로 공개 심포지엄을 개최하여 논쟁을 벌였다.

'마음의 전문가'라는 호칭이 등장하고 확산되기까지는 여기에 설명했듯이 50여 년의 격렬한 논쟁이 있었다는 것, 거기서 파생된 많은 물음은 여전히 남아 있으며, 그 물음에 대한 대처활동이 지금도 계속되고 있다는 것을 여기에 설명해둔다.

'마음의 전문가'라는 명칭

앞에 서술한 일본 임상심리학회의 활동에 내가 참여하게 된 것은 1980년대 이후였다. 서두에 언급했는데 이 학회는 1991년에 임상심리사의 국가자격화에 협력해야 할지의 여부를 두고 두 가지 입장으로 나뉘었고 '반대'를 주장한 쪽이 탈퇴, 이후 1993년에 일본 사회임상학회를 설립해서 지금까지 과제를 이어가고 있다. 나는 계속해서 새로운 사회임상학회 모임에 참가하면서 이번 장에서 논하고 있는 '자격 · 전문성을 따지는' 과제에도 맞서왔다.

그런데 '마음의 전문가'라는 말을 내가 처음으로 접한 것은 1985년 12월 〈마이니치신문〉 문화 면의 가와이 하야오의 문장을 통해서였다. 2회에 걸쳐 게재되었는데 타이틀이 '〈마음〉의 전문가의 필요성'이었다. 학교에서의 아이 문제를 논하며 마음의 전문가의 필요성을 설명한 것이다. 아래에 내용을 요약하여 소개하면서 가와이의 의도를 이해해보려고 한다.

첫째, 학교 내의 왕따 문제가 심각해지면서 등교거부가 증가하게 되어 가정과 학교 모두 대응에 고심하고 있다. 등교를 거부하는 아이를 정신병원에 '안이하게' 입원시키는 문제도 존재한다. 왕따 문제는 문부성(우리나라의 교육부)·학교·경찰 등의 다양한 '대책' 시도에도 불구하고 사건보도가 잇따르고 있다.

둘째, '대책' 가운데 주된 의문은 학교에서의 '규제'교육의 강도이다. 확고한 원리가 없이 형식적으로 엄격하게 대하는 것은 문제를 더욱 음습하게 만든다. '교육적' 대책은 제대로 실시되지 않고 있다. 그런데 단순히 '의학적' 대책을 세워서 부당한 입원 문제가 발생하고, 약으로도 이들 문제가 간단히 치료되지 않는다.

셋째, 왕따와 등교거부 문제의 정도는 각양각색이지만 심각한 문제는 '마음'에 관련된 것으로 개별적으로 직면할 필요가 있으며 인간의 마음에 관한 전문적인 지식도 필요해진다. 그런데 일본에서는 전문적으로 훈련을 받은 마음의 전문가에 대한 인식이 너무나도 희박하다. 미국과 유럽에 비해 일본에서는 임상심리학이 그 지위를 인정받지 못하고 있는데 이쯤에서 마음의 전문가 필요성을 인식하고 지위를 확립하는 것이 중요하다.

넷째, 이를 위해서는 우선 마음의 전문가의 훈련·양성이 필요하다. 근대과학은 계측 가능한 측면을 주요 대상으로 해 왔지만 현재는 철학자 나카무라 유지로中村雄二郎가 강조하는 '임상 지식'이 더욱 필요해지고 있다. 그러나 이런 면의 양성·발전에 관해 일본 대학의 힘은 부족하다.

다섯째, 그런 가운데 가짜 심리학을 이용해서 장사를 하고 부당한 이익을 취하는 사람도 나타났다. 사람들이 속는 사태를 막기 위해서라도 국가가 의사 자격을 인정하는 것처럼 마음의 전문가 자격을 인정해야 한다. 그럴 경우 적어도 대학원 석사과정 수료 정도를 기본으로 해서 국가 자격과의 관계에 걸맞은 교육과정도 만들 필요가 있다.

여섯째, 자격문제가 갖는 어려움의 하나는 그것이 문부성, 후생성(우리나라의 보건복지부), 법무성(우리나라의 법무부)과 얽혀 있다는 사실이다. 그러나 이 파벌주의를 초월한 자격제도의 실현을 지향해야 할 것이다.

이에 임상심리학자인 가와이는 '임상심리학이 나설 차례'라고 주장하고 있다. 그는 학교를 둘러싼 아이 문제는 의료와 교육으로는 해결하지 못하며 임상심리학의 전문성이야말로 아이의 '마음'의 문제를 해결할 수 있다고 말하고 있다. 그러나 아이들과 관련된 학교 문제는 전문성의 종류를 바꾼다고 해결될 성질의 것이 아니다. 오히려 새로운 전문성의 참여와

분업화의 진행은 아이들의 생활관리를 한층 강화하고 문제를 더욱 악화시킬 것이다. 가와이의 주장에서는 당사자인 아이의 처지를 배제한 전문가의 세력 경쟁 구조가 보인다.

다시금 여기서 생겨나는 의문은 '〈마음〉이란 무엇을 가리키고 있는가'이다. 가와이 자신이 이 말을 괄호로 둘러싸고 있는 점에서도 짐작할 수 있듯이 '마음'이 무엇인가는 간단한 이야기가 아니다. 우선 실체가 없으며 사람에 따라 이미지가 참으로 다양하고 애매하다. 시험 삼아 젊은 사람들에게 "마음이 무엇이라고 생각하나요?"라고 물어보면 '뇌에 관한 것'이라는 직설적인 답변도 있는가 하면 '기분에 관한 것', '인생의 중심' 그 밖에 '스스로는 알 수 없는 것' 등 다양한 답변이 나온다. 마지막의 '스스로는 알 수 없는 것'은 '전문가가 알려주는 것'이라고 남에게 떠넘기는 말이 따라올 것 같아서 자신을 포기하는 듯한 위험한 느낌마저 든다.

'마음이란 무엇인가?'라는 식의 간행물 출판은 '마음'의 유행과 더불어 종교학, 뇌과학, 생리학 분야에서도 잇따르고 있다. 그러나 그 논의는 확산되기만 할 뿐이다. '스스로는 알 수 없는 것'에 휘둘릴 필요는 없는데 말이다. 스스로 느낄 수 있는 자신의 마음과 생각에 제대로 맞서면 되지 않을까? 여하튼 '마음'은 시대의 흐름을 타고 독주하고 있다.

가와이의 글에 입각해서 생각해보면 여기서 말하고 있는 '마음'이란 단순히 아이 생활의 한 측면, 특히 관계의 문제를 가리키는 듯하다. '마음의 전문가'의 일이란 인간의 생활에서 중요한 위치에 있는 '관계'를 타깃으로 하고 있다. 그러나 이런 종류의 직업은 우리들의 생활 그 자체를 전문가가 가로채 인간을 더욱더 무력화시키는 문제를 내포하고 있을 것이다.

가와이가 했던 말 중에 다른 말을 인용하며 다시 한번 생각해보고자 한다. 앞에 서술한 내용인데 앞서 제시한 신문기사가 세상에 나온 지 2년 뒤인 1987년 5월에 임상심리사의 전문성과 자격제도를 둘러싸고 찬반양론을 논하는 공개 심포지엄이 열렸다. 자격제도 추진의 입장에 선 일본 심리임상학회와 이에 반대하는 입장에 있는 일본 임상심리학회의 토론이었다(《임상심리학 연구》, 25권 2호). 이 심포지엄에서 가와이는 전자의 심리임상학회를 대표하는 사람으로 등장했다. 여기서 심포지엄 기록에 있는 가와이의 발언 일부를 소개하면서 앞에서의 내 의견을 보충하고자 한다.

이 심포지엄에서의 발표주제로 가와이는 임상심리학과 접하는 학문영역으로, 의학과 교육 두 분야를 들었다. 이는 앞에 나온 신문기사와 마찬가지이다. 그리고 의학은 인간을 하나의 대상으로 인식해서 검사하고 치료하는 의학 모델에 의거하며, 교육은 인간에 대한 교육법·지도법의 규칙에 따른 교육 모델에 의거하지만, 임상심리학의 실천은 의학 모델과 교육 모델을 염두에 두고 그들을 넘어서야 한다고 말했다. 넘어선다는 의미는 신체를 조사하는 것도, 지식에 관해서 가르치고 지도하는 것도 아닌, 개인의 성장과정을 함께 걸어가는 것이 그러한 전문성이라고 서술했다.

"나에게도 마음이 있고, 상담하러 오는 사람에게도 마음이 있다는 입장에 서서 마음을 가진 인간관계의 이상적인ideal 모습에 대해 생각하지 않으면 안 된다. 그때 전문성이 중요해지는 것이 아닐까 생각합니다"(심포지엄 기록).

여기서 가와이는 '인간관계의 이상적인 모습'이라는 말을 사용하고 있다. 그리고 그 일을 하는 데 있어서 스스로를 단련하고 함께 연구하고 사회에 책임 소재를 분명히 하기 위해 자격을 설정하는 것이 당연하다고 말하고 있다.

여기서 명확해지는 것은 '마음의 전문가'의 일(업무)은 우리들의 생활에 깊게 관계된 의료와 교육의 틈 사이에 남아 있는 사람과 사람 사이의 관계 영역을 대상으로 하고 있다는 것이다. 그것은 지금까지 소위 '보통의 생활'이라고 불려온 부분이다. 소비사회가 진행되어 모든 것이 상품화의 파도에 휩쓸린 지금의 생활 속에서 간신히 남아 있는 자기부담의 영역이었다. 그 속에서 사람은 느끼고 생각한다. 귀찮아도 그렇게 한다. 왜냐하면 사람과 사람 사이의 관계 속에서 느끼고 생각하는 것이 삶의 핵심이라는 것을 가까스로 느끼고 있기 때문이다. '마음의 전문가'는 마지막 남은 그 부분을 일(업무)의 대상으로 하고 있다. 지금까지 관리하기 어려웠던 사생활 영역이 관리의 대상이 되고 있는 것이다.

신체 의료와 교육의 영역도 반세기 전까지는 상당 부분이 자기부담 생활영역에 포함되어 있었다. 뜸을 뜨고, 한약을 달여서 서로의 몸을 돌봐주는 것, 가업이나 가사같이 필요한 일을 아이들에게 가르쳐 주는 것, 그것이 생활의 일부였다. 그러나 점차 이러한 일들은 전문가에게 돈을 지불해서 처리·해결하는 것이 당연한 일이 되었다. 그 배경에는 경제구조를 기반으로 하는 사회구조의 변화가 있다. 자신의 몸은 의료에 맡기고, 아이는 학교교육에 맡기게 되었으며, 가사나 오락도 상품화되어 돈으로 바꿀 수 있게 된 지 오래다. 그리고 우리들은 그로 인해 발생하는 문제에 둘러싸이게 되었다.

사람과 사람 사이의 관계는 그 틈 사이에 간신히 남아 있는 '생활의 밑바탕'이라고 할 만한 사적인 부분으로, 공기처럼 잡기 어렵고 상품화에 융합하지 않는 말하자면 최후의 요새였다. 그러나 그것이 억지로 시장화 됨으로써 어떤 사태가 발생하게 될 것인지 그리고 '마음의 전문가'의 일이란 실제로 어떤 것인지에 대해 생각해보겠다.

상담 기법이란 무엇인가

문제를 바꿔놓는 기법

'마음의 전문가'라는 직종이 등장하고 퍼지면 소비자 측의 기대도 만들어진다. 여기서 소비자가 기대하는 역할이란 무엇일까?

상담하는 곳을 찾아오는 내담자 측은 상담사가 자기편에서 자신을 도와주기를 기대한다. 한편 상담사는 다양한 일상 속에서 발생하는 '곤란한 일'을 '본인의 내면=마음'에 초점을 두고 다루기 쉬운 형태로 관리하는 역할을 담당하고 있다. 적어도 고용한 쪽에서 그러한 역할을 암묵적으로 기대하고 있다고 생각한다. 결국 '마음의 전문가'가 하는 일은 본인의 '일상생활 속의 문제'를 '마음의 문제', 즉 개인의 내면의 문제로 바꿔놓는 것이다. 그러나 그 장치는 당연히 '마음의 전문가' 쪽에 준비된 규준에 따라 만들어져 있기 때문에 내담자가 처해 있는 현실에 입각한 것이라고는 말할 수 없다.

심리치료·상담 장면에 등장하는 사람들은 대체로 여러 가지 의미에서 '소수파'에 속한다. 고립무원이라는 말처럼 주위에서 고립되어 고민하다가 어떻게든 아군을 얻으려고 더듬더듬 '마음의 전문가'를 찾아온 아이가 있다고 치자. 그 아이는 학교에 갈 수 없는 소수집단으로 분류되어 '치료' 대상이 되고 본의 아니게 '마음의 상담'에 보내지는 등교거부 아동이 된다. 그 아이들은 교사와 부모에게 "상담사는 분명 자신의 일처럼 상담에 응해줄 거야"라는 말을 듣고 찾아왔을 것이다. 그런데 상담실이라는 '개별공간' 안에서 무슨 일이 일어나고 있는 것일까? 그리고 진정한 소수집단의 편이라는 것은 어떤 의미일까?

소수집단의 문제는 사회 속의 차별 문제와 밀접하게 관련되어 있다. 임상심리 장면에 등장하는 사람들의 문제는 차별의 문제를 내포하고 있는 경우가 많다. '남들과 다르기' 때문에 '같음을 지향한다'라는 것과 '남들과는 다른 곳에 (있다)'라는 사태를 강요당한다. '다르지만 그것이 당연하다', '이런 일 저런 일 있는 것이 사람의 생활이다'라는 생각은 좀처럼 할 수 없다. 심리검사와 상담은 기본적인 부분에서 전자의 사상, 즉 선별·교정의 역할을 지니고 인간관리와 결부된다. 후자의 사상, 즉 도우며 함께 사는 생활은 현실생활 속에서 무조건 파생되고 사람이 함께 생활하는 지혜와 결부된다. 그것은 '모두 다르고, 모두 좋아We are all different and all wonderful'처럼 빛 좋은 개살구가 아니다. 좋든 싫든 여러 가지 상황이 있는 것이 현실 생활이며 때로는 차별이 생기기도 하고, 차별에 대해 함께 생각하기도 하면서 어떻게든 함께 살아가려고 하는 것이다.

확실히 상담사는 선의를 갖고 공손하게 이야기를 듣는 사람들이라고 생각한다. 그러나 선의로 깔려 있는 길의 끝이 어디로 이어지고 있는지가 문제이다. 다시 말해 잘 들은 다음에 '어떻게 하는 것인가?, 어떻게 되는 것인가?'의 문제이다.

대다수의 환자·내담자는 자신의 생활 문제를 마음의 문제로 치환하는 상담의 조작을 받아들인다. 그것은 내담자가 일상적으로 약한 입장에 놓여 있기 때문이다. 따라서 혼돈스러운 고민과 괴로움을 자신의 마음의 문제로 집약시키는 기법을 받아들여 자기반성적으로 내면을 직시하는 결과가 나오기 쉽다.

이 '바꿔치기'를 상담사가 의도적으로 실시하는가 하면 그렇지는 않다. 다만 상담 기법 안에 이 장치가 구조적으로 포함되어 있는 것이다. 본인의 생활 전체에 일어나고 있는 문제가 마음의 문제로 치환되고 깊어져서 자신의 내면에서 문제가 해소되어갈 때 상담은 성공했다고 평가 받는다. 본인의 주변 상황은 여전히 문제라고 하더라도 말이다.

그렇다면 문제의 치환 장치는 상담 기법 안에 어떤 식으로 포함되어 있는 것일까? 이 구조에 대하여 내담자 중심치료법의 경우에 입각해서 생각해본다.

'마음의 변화' 구조 – 언어전략

사실 상담의 입장과 종류는 정신분석치료, 행동치료, 최면치료, 가족치료, 교류분석, 모래놀이치료 등 실로 다양하다. 예를 들면 《심리임상대사전心理臨床大辭典》의 '심리치료법의 종류' 항목에는 치료법이 51개나 된다. 그러나 크게 나누면 세 가지로 정리할 수 있다.

첫 번째는 정신분석이론, 두 번째는 행동이론, 세 번째는 자기이론을 중심으로 하는 그룹이다. 일본에서 상담이라고 하는 경우는 세 번째 이론과 방법이 가장 널리 알려져 있다. 경청, 공감, 지지, 자기실현 등의 단어로 집약되는 이 기법은 내담자 중심의 치료법이라고 불린다.

이 치료법은 1940년대 미국의 칼 로저스에 의해 시작되었다. 이것은 '내담자가 주체적으로 자신에 대해 이야기하다보면 자기 자신에 대한 통찰이 깊어지고 문제 소재를 찾아내서 스스로 해결한다'라고 본다. 이때 상담사 측은 내담자가 말한 내용을 재진술하면서 내담자의 감정을 구체화한다. 여기서 중요한 것은 내담자가 말한 내용과 상황이 아니라 말하고 있는 당사자의 감정이다. 감정을 초점화하는 작업이 이 기법의 근본이다.

예를 들면 한 여성이 "남편을 용서할 수 없어요!"라고 주장한다고 하자. 일상적인 상황이라면 "어떻게 된 거예요? 무슨 일이 있었나요?"라고 되묻는 것이 대부분이다. 하지만 "남편에게 화가 났군요" 하며 감정에 초점을 맞추고 되묻는다. 이 두 가지 물음법은 전혀 다르다. 전자는 아내와 남편의 관계와 사태를 참작하고 있는 데 반해 후자는 주로 아내 본인의 내면으로 눈을 돌린다. 따라서 전자의 경우에는 '이러저러해서 용서할 수 없다'라고 사건과 남편의 태도에 대한 이야기가 이어질 것이다. 그러나 후자의 경우는 "그래요 화가 나요. 남편 목소리만 들어도 저는 항상 짜증이 나요"와 같이 자신의 감정에 대한 이야기가 진행될 것이다. '왜 화가 나는지'에 대한 이유가 아닌 '짜증나는 자신'으로 관심이 쏠리는 것이다.

상담사의 '수용'과 '이야기된 말의 재진술' 그리고 '감정의 명확화'와 같은 기법은 내담자가 '문제'를 전체상황에서 분리시켜서 자신의 내면의 문제로 재파악하도록 부추긴다. 수용적으로 감정을 명확화하는 행위는 상대에게 어떤 종류의 효과를 만들어낸다. 그 효과란 '자신이 받아들여지고 있다'라고 느끼며 '자신의 감정으로 눈을 돌려 생각하는' 태도를 만들어내는 것이다. 그 뒤에는 분노의 대상인 상대와 상황의 문제는 저만큼 물러나고 자기반성적으로 '문제'를 책임지는 길이 준비되어 있다. 그리고 '문제'의 원인이 다른 곳이 아닌 자신의 내부에 속해 있다는 것을 얼마나 자각하고 있는지에 따라 상담의 성공 정도가 가늠된다.

나카지마 히로카즈中島浩籌는 이와 같은 상담 기법을 '문제 설정을 바꿔치기 해버리는 기술'이라고 표현하고 있다('학교상담의 문제설정과 교육적 커뮤니케이션 学校カウンセリングの問題設定と教育的コミュニケーション', 《임상심리학 연구》 29권 1호). "이야기하는 주체 측의 문제만을 응시하게 해서 당사자(내담자)가 처음 문제를 제기한 것은 보지 못하도록 하는 것이 상담 기술이 아닐까?" 라고 나카지마는 지적한다. '상담이 진행되면서 통찰이 깊어졌다'라고 '마음의 전문가' 쪽에서 말하는 것은 이 '바꿔치기'의 정도가 진전이 있었다는 의미일 것이다.

문제 설정의 치환, 바꿔치기가 어떻게 해서 일어나는지 나카지마의 분석을 참고로 조금 더 설명해보겠다.

우리들의 일상대화는 보통 세 가지 요소로 이루어진다. 즉 말하는 내용, 듣는 상대, 말하는 자신(주체)이다. 그런데 상담이 중요하게 다루는 것은 '말하고 있는 주체=나'와 그 말뿐이다. 다른 두 가지 '말하고 있는 내용 자체(문제 장면)'와 '대화 상대(상담사)와의 관계'는 경시되거나 무시된다. 말하고 있는 주체의 감정이 가장 중요하므로 내용은 무시까지는 아니더라도 부속물로 간주되기 쉽다. 상담사 자신이 주체가 되어 이야기하는 일도 드물다.

예를 들면 내담자가 상담사에게 "선생님은 아이가 있나요?" 라고 물어봤다고 하자. 이런 경우 다양한 대답이 있을 수 있겠지만 가장 상담의 냄새가 짙은 답변은 다음과 같다. "그게 궁금한가요?"

이 대답에는 내용에 대한 답변("네, 있어요" 또는 "아이는 없어요")과 질문을 받은 상대의 생각("저는 이렇게 생각합니다")이 결여되어 있다. 이 두 가지 요소가 제외됨과 동시에 내담자의 질문 자체는 무시되고 있다. "나에게는 아이가 있다(없다)"가 질문에 대한 순수한 답변이지만, 여기서는 질문한 사람(말하는 주체)의 말만이 클로즈업 된다. 즉 상담사 측에서는 "당신은 (그것이 궁금한가요?)"라는 말만 언급하고, 내담자 측에는 "저는 (아이가 있는지 없는지가 궁금한)"만이 남는다. 이 관계를 그림으로 나타내면 다음과 같다.

A. 일반적인 대화

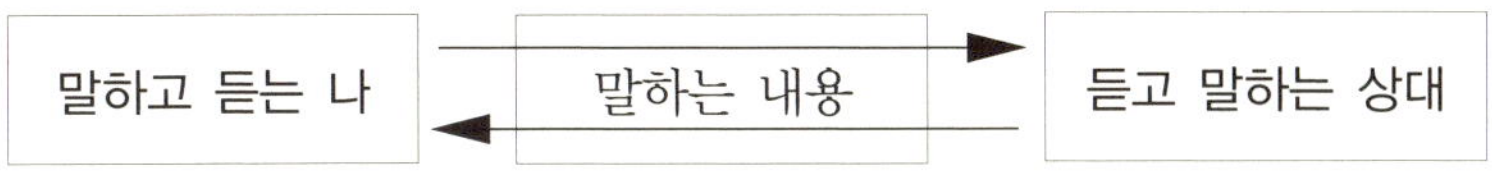

B. 카운슬링 대화

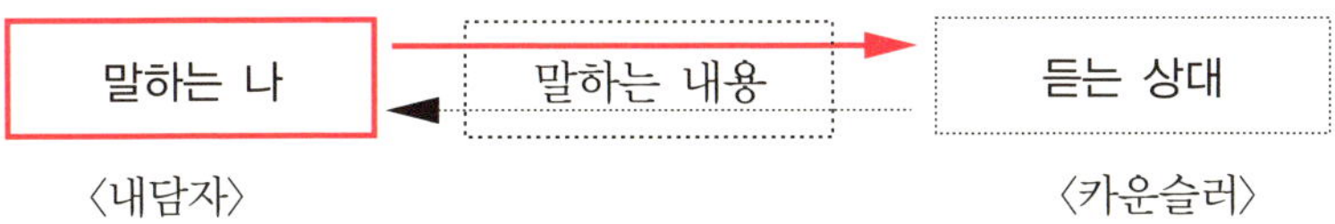

상담 상황은 당사자가 문제 삼는 내용에서 관심을 돌려서 말과 말하는 주체의 관계로 문제를 바꿔치기한다. 내담자가 아무리 자유롭게 마음을 표현한다고 하더라도 상담사 측에서 문제설정을 바꿔치기하는 것이다. 그 기술·언어행위를 나카지마는 '언어전략'이라고 부른다.

이 경우 언어전략이란 어떤 것일까? 전략이라고 한 이상 의도적으로 실시되고 있는 것이라고 받아들일 수 있겠지만 그렇지 않다. 상담사가 의식하고 있든 없든 관계없이 나카지마가 말하는 '문제의 바꿔치기'는 일어난다. 상담의 기술 안에 이미 그 기능이 포함되어 있기 때문이다. 나카지마는 다음과 같은 실례를 인용한다.

어느 내담자가 "앞으로 어떻게 살아가면 좋을까요?"라고 앞으로의 삶(생활)을 화제로 삼는다. 그에 대해 상담사는 수긍을

한 뒤에 "음, 지금 이대로 괜찮은 건지 모르겠다는 거군요"라고 대답한다. 여기서 내담자가 화제로 삼은 '장래 생활'은 '불확실한 자신'으로 바꿔치기 된다. 자신이 내재된 상황의 과제에서 자신의 내면의 문제로 바꿔치기가 자연스럽게 실시된다.

하지만 상담사가 반드시 이것을 의도하고 있기 때문은 아니다. 무의식 중에 상대에게 반응해서 나오는 언어행위라고 하더라도 '내용의 재진술', '감정의 명확화' 등으로 불리는 상담의 독특한 언어행위의 축적은 문제설정을 치환하고, 화제는 내담자로 향한다. "내담자가 무엇으로도 강제되지 않고 자유롭게 말했다고 하더라도 이야기하는 말에 의해 규제되며, 당초에 문제로 삼고 있었던 것과는 별개의 문제, 즉 '당신은 이러한 문제를 안고 있는 주체이다, 그것에 대해 어떻게 생각하는가?'라는 문제에 포위되어 그것을 감당해야만 한다. 이러한 과정에 상담 기술이 관여하고 있는 것이다"라고 나카지마는 지적한다. 언어전략이란 그런 의미이다. '자유롭고 민주적인 기법'으로 여겨지는 상담은 명주솜처럼 부드러우면서도 강력한 구속력·관리력을 갖고 있는 것이다.

사람은 일기를 쓰고 자신을 뒤돌아본다. 그것도 상담과 같은 작용을 갖는 것이 아니냐고 추궁할지도 모른다. 그러나 일기는 자신이 문제로 삼고자 하는 내용을, 타인의 조작 없이 자유롭게 추구하면서 자유자재로 사색할 수 있다는 점에서 상담과 다르다. 보통의 대화, 일기, 상담 이 세 가지를 대비시켜서 그림으로 나타내면 다음과 같이 될 것이다.

A. 일반적인 대화-교류

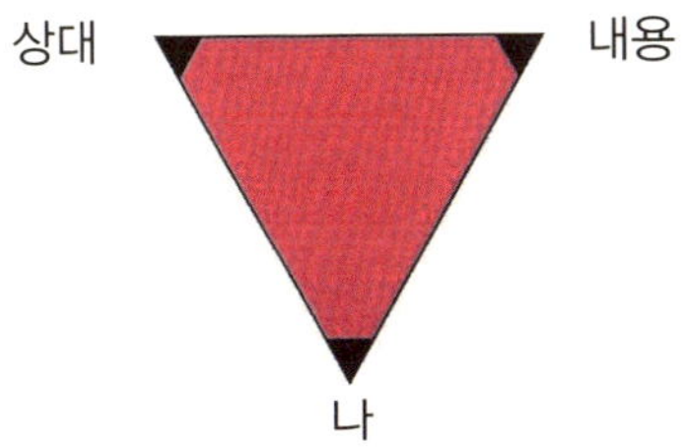

B. 일기를 쓴다-사색

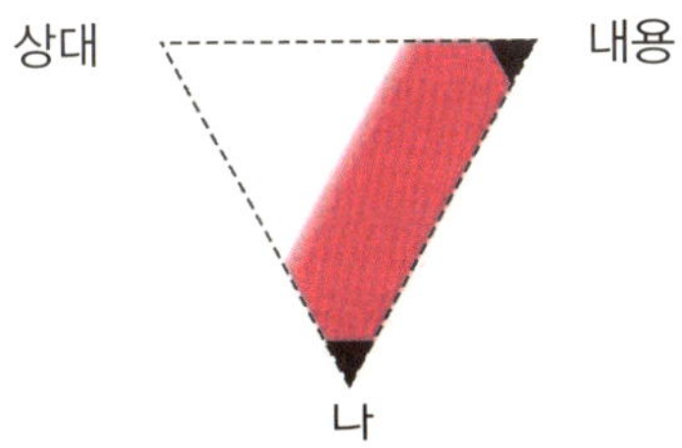

C. 카운슬링-내성(반성)

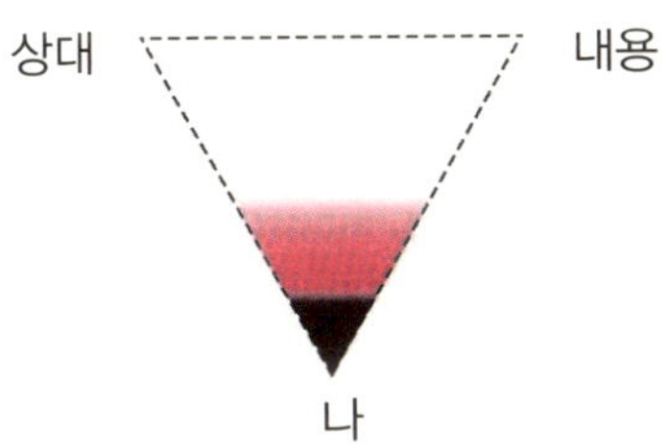

이렇게 상담은 '문제'를 개인의 내면에 가둔다. 문제를 개인에게 되돌려 보내고 가둬버리면 주위는 평안하고 현상은 유지된다. 개인이 전체 상황에서 분리되며 개인이 변화된다. 이 경우에 '치료되었다'라는 말이 사용되는 것이다. 이어서 이 '치료되는' 것의 문제에 대하여 더 깊이 생각해보겠다.

치료하다 · 치료되다

등교거부 치료란?

'마음의 병이 치료된다'라는 것은 의심할 여지없이 환영받을 일이며 본인도 편해지고 주변에서도 기뻐하므로 아무 문제도 없다고 생각하는 사람이 많다. '치료한다는 것은 마음이라는 부품을 수리하러 보내는 느낌'이라고 표현하는 젊은이의 말을 들은 적이 있다. 그러나 치료한다는 것은 무엇인가라는 문제는 간단한 논의로 끝나지 않는다. 그 사람이 있는 장소와 삶의 방식 등이 관련되어 있으며 상담사가 어떤 위치에 서서 '치료하다 · 치료되다'라고 말하고 있는지가 문제이기 때문이다.

등교거부 문제를 예로 들어 보자. 일반적으로 '등교거부가 치료되었다'라는 말은 학교에 가게 되었다는 것을 가리킨다. 학교관계자와 부모, 즉 본인 이외의 사람들은 아이의 학교 복귀를 간절히 바라고 있기 때문에 '치료되다=학교복귀'는 문제가 없을지도 모른다. 그러나 당사자인 아이에게 있어서는 결코 단순한 일이 아니다. 아이는 학교에 가고 싶지 않은데 가야만 한다고 뼈저리게 느낀다. 자신이 부모님을 마음 아프게 하고 괴롭히고 있다는 마음에 스스로를 나무란다. 자신이 '남들처럼' 학교에 가기만 한다면 모든 것이 원만히 수습된다는 것쯤은 아이도 알고 있다. 학교에 가지 않으면 자신의 장래가 위태로워질 것이라는 생각도 가지고 있다. 그렇기 때문에 가기는 하지만 가고 싶지는 않다. 이것이 아이의 심정이다. 가고 싶지 않은 것은 학교가 싫어서이다. 한마디로는 표현할 수 없는 이런저런 '싫음'이 축적되어 있을 것이다. 학교와 교사, 부모와 사회가 갖고 있는 근원적인 문제가 그곳에 포함되어 있지 않을 턱이 없다. '아이의 문제'는 사실 '아이의 문제제기'인 것이다.

그런데 '마음의 전문가'를 포함한 많은 어른들은 '아이는 학교에 가고 싶어 한다. 그렇기 때문에 갈 수 있도록 돕는 것은 아이를 위해서이며 친절이다'라고 생각한다. 그러나 이건 너무 단순하다. 어쩌면 어른의 형편에 맞춰 아이의 상황을 각색하고 있는지도 모른다.

대부분의 어른들은 자신의 체면과 평판을 생각한다. 부모와 교사 모두 아이의 순조로운 통학이 자신의 입장을 안전하게 한다고 느낀다. 그리고 '마음의 전문가'야말로 '등교거부가 치료되었다'라는 것, 즉 아이의 학교복귀가 자신에 대한 평가로 직결되는 입장에 있다. 즉 암암리에 학교복귀 실적을 쌓으라는 압력을 받는다. 따라서 아이의 입장에 입각해서 '치료되다, 치료하다'라는 것이 무엇인지 근본적으로 생각하는 것은 '마음의 전문가'의 일을 뿌리째 뒤흔들지도 모른다. 아이의 편인 듯 보이지만 아이의 입장에 서지 않고, 다정하게 교묘한 설득자의 역할을 완수하는 일이 허다한 것은 이 구도에서 기인한다.

'마음의 치료'의 대상이 되는 아이들은 문제가 자신의 일인 까닭에 치료가 기만적이라는 사실을 느낀다. 중학교 시절에 등교를 거부했던 요시무라 데루오吉村照雄는 열일곱 살이 되었을 때 당시를 되돌아보며 이렇게 적었다.

"최근 학교의 지시로 교육센터에 보내졌다. 그곳에는 여러 번 갔다. 가는 것 자체는 아무렇지 않았다. 그런데 한번은 상담사 같은 사람이 '나처럼 등교거부를 해서 센터에 오던 아이가 부모의 설득으로 학교에 가게 되었다'라는 이야기를 하며 '학교에 가라'는 식으로 말했다. 그날은 인사도 하지 않고 집으로 돌아왔고 그것을 마지막으로 교육센터에는 가지 않았다"(도쿄 슈레의 아이들東京シューレの子どもたち 편, 《학교에 가지 않는 내가, 학교에 가지 않는 너에게学校にいかない僕から、学校へ行かない君へ》).

다정하게 이야기를 들어주는 것이 학교로 되돌려 보내기 위한 수단이라는 사실을 아이들은 당사자이기 때문에 꿰뚫어 보는 것이다.

차별 문제와 '치료'

등교를 거부했던 한 사람으로 '등교거부를 치료한다'라는 것이 무엇인지에 대해 꾸준히 고민해온 쓰네노 유지로常野雄二郎라는 젊은이가 있다. 쓰네노는 열 살 무렵부터 학교에 가지 않았다. 그때 그에게 가장 큰 불안은 '어른이 되면 거지가 되지 않을까'라는 것이었다. 그 불안을 치료하기 위해 아동상담소에서 상담을 받기도 했지만 '그에게는 그다지 의미가 없는 일'이었고, 아동정신과에서는 투약을 받았으나 전혀 효과가 없었다. 그 뒤 그는 1985년에 오쿠치 게이코奥地圭子가 세운 대안학교 도쿄 슈레東京シューレ를 접하면서 친구가 생기고 그곳을 즐기면서 장래에 거지가 되지 않을까 하는 불안은 거짓말처럼 사라졌다. 열세 살 무렵 그는 친구들과 만든 책에 다음과 같이 적었다.

"학교가 맞는 사람과 맞지 않는 사람이 있다. 그러니까 맞지 않는 아이를 억지로 틀에 끼워 맞추려 하지 말고 인정해 주면 좋겠다"(도쿄 슈레의 아이들 편, 《학교에 가지 않는 내가, 학교에 가지 않는 너에게》).

이것은 등교거부 문제에 대해 많은 당사자가 종종 말하는 내용으로 한편으로는 상담의 행위를 일부 지지하고 있다. 선택과 자기결정이기 때문이다.

그러나 그 뒤 7년이 지난 1999년에 쓰네노는 '사회 속의 등교거부社会のなかの登校拒否'라는 긴 글을 〈등교거부신문〉에 10회

에 걸쳐 연재했다. 거기서 그는 등교거부와 학교와 사회의 삼자 관계를 성실히 조명하면서 '선택과 자기결정'을 핵심으로 하는 등교거부론을 비판했다.

"학교에 갈지 말지는 개인의 선택의 문제라는 식의 말은 확실히 듣기 좋다. 학교에 가는 사람과 가지 않는 사람 모두 긍정적으로 받아들일 수 있기 때문이다. 그런데 그게 왠지 작위적인 것 같지 않나? 실제로 학교에 가는 사람들은 가는 것을 '선택'했기 때문에 가는 것은 아니라고 생각한다. 지금 사회에서는 여덟 살이 되면 모든 사람이 학교에 간다. 즉 학교라는 것은 '맞는다·맞지 않는다'와는 전혀 관계없이 위에서부터 강제로 억누르는 것이다."

쓰네노는 "선택, 자기결정의 논리가 이 사실을 애매하게 한다"라고 말했다.

"이 사고방식이 작위적이라고 생각하는 또 하나의 이유는 학교에 가는 사람과 가지 않는 사람의 관계가 잘 보이지 않게 되어버리기 때문이다. 학교에 가는 사람과 가지 않는 사람 모두 똑같은 사회에서 살고 있다. 그것은 다시 말해 서로가 처해 있는 상황과 관계가 있다. 예를 들면 학력차별에 대해 생각해보자. (생략) 고학력인 사람이 높은 수익으로 편하게 일할 수 있는 것은 저학력인 사람이 거기에서 배제되고 있기 때문이다. 이것은 역으로 말하면 저학력인 사람에 대한 차별도 고학력인 사람의 특권과 관계가 있다는 것이다. 그렇다면

'학교에 가고 싶은 사람은 가면 되는 거고, 가고 싶지 않은 사람은 가지 않으면 된다'라는 안이한 방식의 말은 더 이상 하지 말아야 한다. 학교에 가는 사람도 가지 않는 사람도 똑같은 사회에 살고 있다. 학교에 가지 않는 사람이 해방되려면 가는 사람의 본질을 변화시키지 않고서는 불가능하다"(〈등교거부신문〉, 1999년 3월 15일호).

쓰네노는 등교거부 문제를 학교제도가 만들어낸 학력차별의 문제로 인식하고, 사회변혁의 과정에 결부시킨다. 확실히 선택과 자기결정의 논리는 학교에 가지 않는 자신을 지금 당장은 지지한다. 그렇지만 현대 사회가 환영하는 다양한 학교제도 속에서 하나의 선택지 또는 옆길로 자리매김할 수는 없다. 그리고 본질적으로는 옆길에서 중심으로 되돌아가야 하는 존재로 '치료될 대상'으로 간주되어 '치료기술'의 고안・개발을 촉진하는 데 관련될 수도 있다.

학교를 기피하고 우선은 그곳에서 멀어지는 선택을 하는 아이와 젊은이의 증가는 필연적으로 학교의 현재 상황을 변화시키는 계기를 가져올 것이다. 그러나 '각자 하고 싶은 대로 해도 된다'라는 논리가 자리 잡으면 거기서는 등교거부라는 소수집단의 행위는 개인의 문제로 한정되고, 학교 적응자들에게는 좋건 싫건 '학교에 오지 않다니 좀 이상하네' 정도의 인식으로 정리되어 학교화 사회의 변혁에서 멀어질 수 있다. 쓰네노는 그 내용을 지적하고 등교거부가 학교화 사회를 공격할 수 있는 길, 즉 학교에 가는 사람의 본질을 따지는 시점을 명확하게 유지하도록 제기하고 있는 것이다. 그것은 학교가 만들어내고 있는 차별의 구조를 지켜보면서 '등교거부를 치료한다'란 무엇인가를 따지는 분명한 사고방식이다.

광기를 치료하는 것의 문제

'마음의 문제를 치료한다'라는 것은 무엇인가 하는 과제에 대하여 지금까지 등교거부 문제를 예로 들어 생각해봤다. 그렇다면 정신병, 특히 광기의 경우는 어떨까? 그것도 '치료하는 데 문제가 있는 것일까?'라는 물음이 생길 것이다.

정신병 치료를 좋은 것이라고 의심치 않았던 의료와 세상의 '상식'에 대해 1970년대 후반부터 1980년대 전반에 걸쳐 예리하게 반문한 요시다 오사미가 있다. 요시다는 자신이 환자였을 때 경험을 바탕으로 정신과 치료를 받는 쪽의 입장에서 그 치료를 엄밀히 따지며 심신장애인 차별과 싸워왔다. 요시다는 "많은 치료자가 치료를 아무런 전제 없이 선한 것으로 보고, 치료는 하면 할수록 좋은 것이라고 생각하고 있는 것 같습니다. 하지만 치료는 '환자'에 대한 침해라는 측면도 가지고 있으며, 치료는 그 내용 여하에 관계없이 최소한에 그쳐야 한다는 것이 필자의 주장입니다"라고 말한다(《임상심리학 연구》, 17권 3·4호).

요시다는 1984년에 쉰두 살로 생을 마감할 때까지 《'광기'

로부터의 반격》, 《'심신장애인'의 해방과 연대》와 더불어 많은 논문과 학회에서의 발언을 통해 '정신병 치료'의 문제를 계속해서 추궁했다. 학회지 《임상심리학 연구》에는 〈'미치광이'에게 '치료된다'는 것이란–'되는' 쪽의 논리'ぎちがい'にとって'なおる'とは–'される' 側の論理〉, 《임상심리학 연구》(14권 1호)를 비롯해 총 16편의 논문이 게재되어 있다.

요시다의 주장은 예를 들면 다음과 같은 것이다. "누가 뭐라고 해도 치료자–환자 사이의 상대적인 수준 차이는 어쩔 수 없이 인정해야 하겠지만, 도대체 이 수준의 차이를 어떻게 인식해야 할까요? 지금까지는 전자를 나은 것, 올바른 것, 가치 있는 것, 후자를 못한 것, 잘못된 것, 반가치적인 것으로 인식했습니다. 이 못한 것을 끌어올리고, 잘못을 바로잡고, 가치 있는 것으로 만들려고 하는 것이 '치료'였습니다. 여기에는 상하관계, 옳고 그름의 관계가 존재한다는 의미에서 차별적인 인식법이라고 할 수 있습니다. 이에 대해 양심적인 치료자가 흔히 말하는 '함께 생각해보자, 함께 살아가자'라는 자세는 학교 선생님이 '함께 공부합시다'라고 아이에게 말하는 것과 똑같이 표면적으로는 차별을 부정하는 상하관계·옳고 그른 관계를 완곡하게 포장한 것입니다. 그러나 여기서는 양자 사이에 존재하는 강자–약자관계는 은폐되어 있습니다. 강자가 약자와 함께 생각할 때 필연적으로 강자의 생각이 약자에게 강요되는 것으로 일종의 기만에 지나지 않

습니다. 이에 대해 여기서는 치료자-환자의 힘의 차이에 착안하여 양자의 관계성을 강자-약자의 관계로 인식하고자 합니다. 즉 치료자란 뛰어난 자, 올바른 자라기보다는 누구보다 강자이며, 환자란 뒤떨어진 자, 잘못된 자라기보다는 누구보다 약자라는 측면에 주목하고자 하는 것입니다'('환자'의 '응석과 반항'-대등관계를 지향하며'患者'の'甘えと反抗'-対等関係をめざして, 《임상심리학 연구》, 16권 4호).

여기서 요시다는 잘못된 상태를 올바른 것으로 되돌리는 것이라고 보는 보편적인 치료관을 약자가 강자에게 굴복되는 차별관계로 재인식하고, 신체의료와의 차이를 지적한다.

"문제는 누가 치료하고 싶어 하는가 입니다. 육체의 병인 경우는 주로 본인이 치료하고 싶어 하며, 정신병의 경우는 주로 사회가 치료하고 싶어 합니다"('병에 걸렸다는 자각의 결여'가 의미하는 것-환자의 입장에서'病識欠如'が意味するもの-患者の立場から, 《임상심리학 연구》, 13권 3호).

요시다는 애초에 광기는 정상인 사회에서 해방을 시도하는 것이고, 정상인 사회구조에 대한 반역의 한 형태라고 말한다. 이른바 정신병 증세란 주변사회에 대한 저항의 표현이며, 해방을 바라는 것이다. 그러나 정상인 사회는 그 광기에 대해 새로운 억압을 가한다. 심신장애인 차별이라고 불리는 것이 바로 이것이며, 정신병 치료라는 것도 사회를 향한 항의자, 반역자에 대한 정상인 측의 반격에 지나지 않는다. 따라서 요시다는 심리학적인 개입도 결국 폭력이라고 말한다.

"심리요법이든 상담이든 결국에는 사회에 맞도록 개인을 변화시키는 것만을 목표로 하고 있으며, 거기에는 사회를 변화시키려는 의도는 보이지 않습니다. (생략) 상담과 심리요법이 상식적인 생활방식으로 환자를 유도한다는 것은 결국 현재 상황을 긍정하는 것입니다. 주변사회와 환자와의 간격을 환자에 대한 치료로만 메우는 것이 아니라 본인이 주체적으로 주변을 변화시키고, 그 속에서 자신도 변화한다고 하는 결정적인 변혁이 필요합니다"('환자의 입장에서 문제제기患者の立場からの発題', 《임상심리학 연구》, 14권 3호).

이는 앞에 등교거부론 대목에서 인용한 쓰네노 유지로의 주장과 겹쳐진다. 그렇다면 요시다에게 '치료된다'라는 것은 어떤 의미일까? 또한 치료자는 거기서 무엇을 할 수 있는 것일까? 요시다의 생각은 다음과 같다.

"환자가 주체적으로 본래 의미로서의 광기를 관철해서 자기 변혁, 상호 변혁을 행하는 것이 '치료된다'라는 의미입니다. 그리고 만약 마땅히 있어야 할 임상심리활동이 존재한다면, 환자 측에서 일으키는 변혁에 연대하고 협력하는 것이어야 합니다. 그 경우 변혁의 주체는 환자이지 임상심리사가 아닙니다. (생략) 단, 환자가 광기를 관철하는 것을 도와주는 형태의 임상심리활동은 과연 가능한 것일까요? 현 단계에서는 적어도 매우 어려울 것 같습니다. 만약 불가능하다면 환자의

요청에 의한 것은 별개로 하더라도 임상심리활동을 차근차근 그만두는 것 이외에 길이 없다고 생각합니다"(〈'미치광이'에게 있어서 '치료된다'란-'되는' 측의 논리'ぎちがい'にとって'なおる'とは-'れる'側の論理'〉, 《임상심리학 연구》, 14권 1호).

임상심리활동에 관계하는 입장에서 요시다의 주장은 상당히 받아들이기 어려울 것이다. 또한 주변 사람들도 마찬가지일 것이다. 그러나 그 받아들이기 어렵다는 자체가 치료하려는 쪽과 치료받는 쪽의 간격을 보여주고 있는 것이라고 생각한다. 그 사실을 자각하게 됨으로써 임상심리사의 전문성이 비로소 꼼짝 없이 추궁 당하는 것이다.

'마음'에 대한 전문성은 성립하는가

전문성이란 무엇인가

이 장에서는 '마음'에 관한 전문성과 자격이라는 것이 과연 성립하는지, 성립한다면 그 내용은 어떠한 것인지에 대해 생각해보겠다. 심리학을 전공하고 나서 마음에 관한 전문성과 자격을 비판적으로 재인식한 야마시타 에이이치山下栄一의 분석은 이 문제를 시사해준다. 야마시타의 주장을 단서로 살펴보며 이 문제에 대해 생각할 것이다('자격 · 전문성에 대한 코멘트資格・専門性についてのコメント', 《임상심리학 연구》, 25권 1호).

우선 전문성에 대한 분석이다. 야마시타는 일반적으로 전문성 · 전문가 개념에 포함되는 세 가지 측면을 지적한다. 첫 번째는 한정된 분야에 정통한 스페셜리스트Specialist이다. 하지만 스페셜리스트는 다른 분야에 대해서는 가령 자신이 다루는 문제와 관계가 깊은 분야라고 하더라도 지식과 관심이 부족한 경향이 있다. 두 번째 의미는 엑스퍼트expert로 해당

분야에 대해 상당히 깊은 경험을 축적하고 있다. 세 번째 의미는 프로페셔널professional로 일정한 업무·활동을 직업으로 하고 있으며, 그 업무에서 수입을 얻는다. 이상의 세 가지는 바꿔 말하면 첫 번째는 영역의 한정, 두 번째는 경험축적, 세 번째는 수입원을 포함한다. 그러나 야마시타는 '마음의 전문가'에 대해서 많은 문제가 있다고 말한다.

야마시타의 분석에 따라 조종사나 방사선 기사 같이 일반생활 속에는 없는 특정기술을 가진 전문가를 떠올려 보면 앞의 세 가지 요인이 딱 들어맞는다는 것을 알 수 있다. 그러나 이 세 가지가 적용되기 어려운 직업도 수없이 많다. 예를 들면 간호사나 교직 등 인간을 대상으로 하는 직종이다. 이들은 전체적인 인간을 대상으로 하고 있다. 그렇기 때문에 관심영역이 한정되어 있으면 충분하지 않기 때문에 인간 생활 전체에 대한 시야가 필요하다. 그런 의미에서 단순한 스페셜리스트라면 제대로 할 수 없는 일이 발생한다. 환자의 마음에 무관심하고 주사 기술에만 관심이 있거나 아이의 기분은 아랑곳하지 않고 가르치는 것에만 몰두한다면 업무수행을 충분히 못하는 것이다. 그런 점에서는 환자나 아이와 오랫동안 함께 살아온 가족이 적절한 간호와 교육을 할 수 있는 경우도 있다. 그렇기 때문에 전체적 인간을 대상으로 하는 일에서는 엑스퍼트도 경우에 따라서는 애매해진다. 단, 세 번째의 프로페셔널만은 흔들림이 없다. 일반적으로 '밥벌이를 한다'라고 일컬어지는 살아가는 데 필요한 현실적 측면이기 때문이다.

전체적인 인간을 대상으로 하는 일의 경우에도 스페셜리스트보다 제너럴리스트Generalist의 면을 갖출 필요가 있으며, 엑스퍼트라는 점에서는 생활경험이 풍부한 비전문가가 할 수 없는 면이 나타난다는 것을 야마시타는 지적하고 있다.

그렇다면 '마음의 전문가'의 경우는 어떨까? 야마시타의 정리법을 빌려서 생각해보면 이 업무의 문제성이 뚜렷해진다.

무엇보다 '마음의 문제'를 스페셜리스트가 취급하는 것은 불가능하다. 마음의 문제라고 불리는 사람의 고민과 괴로움은 그 사람을 둘러싼 관계 속에서 발생하며 상황에 크게 영향을 받는다. 따라서 '마음의 전문가'가 '마음'의 영역에 관심을 한정시켜서 일하려고 하면 그 일이 당사자의 현실에서 벗어나는 것은 불가피하다. 만약 본인을 둘러싼 관계의 문제, 상황의 문제를 보지 않고, 고민과 괴로움을 상대의 마음의 문제로 가둔다면 그것은 사실을 왜곡하는 행위가 될 것이다. 사람의 고민과 괴로움에 관계해서 함께 생각하려 할 경우, 사회적 배경을 포함한 그 배경을 봐야만 처리가 가능하기 때문이다. 시야가 좁은 스페셜리스트라면 불가능한 것이다. 역으로 넓은 시야를 갖는 제너럴리스트가 아니면 안 된다. 그렇지 않다면 전문가랍시고 일방적으로 상대의 '마음'을 가지고 노는 결과를 초래한다. 스페셜리스트의 자격에서 '마음의 전문가'는 애초에 성립할 수 없는 것이다. 구태여 성립시키려고 한다면 그것은 전문가를 자칭하는 쪽의 독선적인 가공이론을 강요하는 것이 되어버린다.

두 번째 엑스퍼트의 측면은 어떨까? '마음의 문제'란 생활 속 관계의 문제이기도 하다고 이미 설명했다. 야마시타에 따르면 엑스퍼트는 깊은 경험을 축적한 사람이어야 한다. 그러나 일상생활 속에서 발생하는 관계의 문제는 전문가의 독점물이 아니다. 그것은 누구에게나 공통된 주제이며 거기에는 생활경험·생활의 지혜가 크게 효과를 발휘한다. 대학과 대학원에서 '고도'의 전문교육을 받아서 익힐 수 있는 것도 아니다. 오히려 '학자가 고생하는 사람의 마음을 알 리 없다'라는 사고방식이 강하고, 또한 그런 면은 부정할 수 없다. 특정한, 즉 좁은 범위의 지식을 쌓기 위해 가사·육아·간호·간병 등 사람으로서의 전체적인 생활시간을 줄이고 다양한 교류와 체험의 기회를 좁혀버리기 때문이다.

그 결과 인간관계의 전문가이긴 하지만 인간관계에 관계되는 지식과 역량에 관해서는 일반인이 더 낫다고 하는 역전이 발생할 수 있다. 아기와 생활하는 젊은 엄마가 전문가보다는 선배 엄마의 체험을 신뢰하거나 자유공간Free Space에 모이는 아이들이 자격과 아무 상관도 없는 어른들에게 깊은 신뢰감을 보여주는 것이 그 예이다. 여기서 '마음의 전문가'가 인간의 마음과 관계의 엑스퍼트라는 측면 또한 모호해진다.

끝으로 세 번째 프로페셔널의 측면이다. 이는 그 직업으로 인해 수입을 얻고 있는 사람이다. '마음의 전문가'라는 간판으로 일을 하고 생계를 이어가는 것이 명백하다. 단, 그 일의 내용과 전문성에 의심스러운 부분이 있다.

그렇다면 왜 이 새로운 직종이 활개 치며 보급되고 있는 것일까?

인간관리의 기술학

야마시타는 마음의 전문가가 확산된 점에 대해 다음과 같이 말한다.

"생각해보면 전문직으로서 임상심리사라는 존재는 사회의 근대화가 추진되는 가운데 전근대적인 공동체의 붕괴가 진행되고, 사람들이 뿔뿔이 흩어져서 고립된 전체 사회의 변동이 배경이다. 그중 하나는 자연발생적으로 '지원하는 일의 엑스퍼트'가 생겨난 면도 확실히 있다. 그러나 그 이상으로 심리학자 집단이 자신들의 학문분야의 사회적 입지를 확립하기 위해 '심리학이 사회에 도움이 된다'라고 다양한 기회와 통로를 통해 호소하고 행동해온 사실이 크게 관련되어 있는 것 같다. 그것에 대응해서 사회 지배층 측에서도 한층 안정된 사회체제의 존속을 도모하기 위하여 '인간관리의 기술학'으로서의 심리학의 역할을 어느 정도 인정하고, 이를 사회의 다양한 관리기구 속에서 이용할 생각을 하게 되었다. 임상심리사 자격의 제도화가 실현된다면 그것은 사회 질서를 위협할 수 있는 사람들을 부드럽게 관리하는 스페셜리스트로서 국가가 (임상심리사를) 인지했다는 것을 의미한다."

'마음의 전문가'라는 새로운 직업은 소비사회에서 상품화의 파도 틈에 미미하게 남아 있는 사적인 내면생활영역을 상품화의 대상으로 하고 있다고 이미 설명했다. 선행한 의료·교육·복지의 틈새에서 새로운 위치를 차지하고 그것을 확대하기 위해서는 야마시타가 말하고 있는 것처럼 '심리학이 사회에 도움이 된다'라고 강하게 주장할 필요가 있다. 그리고 그것은 매스컴을 통한 선전효과도 작용하여 '마음의 시대'라는 문구와 함께 '성공'을 거두고 있다.

그러나 이 직업이 여전히 문제를 안고 있는 상황은 달라지지 않았다. 사회 지배층은 질서가 위협받지 않도록 '인간관리의 기술학'을 환영하며 그 역할을 기대하지만, 그 대상인 환자·내담자라고 불리는 사람들의 생각은 단순하지 않기 때문이다. 사람은 외부의 힘에 의해 관리되고 싶어 하며 편하게 살고 싶다는 욕망을 갖고 있는 반면, 그 이상으로 자신의 의지로 자유롭게 살고 싶다는 강한 욕구를 갖고 있다. 정신분열로 고통 받으면서도 입원하고 싶지 않다고 투쟁하는 사람들의 존재는 그것을 보여주는 한 예이다. 상담·치료를 실시하는 쪽, 즉 '하는 쪽'에 설 것인가, 아니면 '받는 쪽'에 설 것인가, 전문가로서 임상심리사의 일은 항상 양의성兩義性에 노출되지 않을 수 없다.

현실의 어려움에 맞닥뜨리고 고뇌하는 사람들은 지원해줄 사람을 찾지 못한 채 원래는 '인간관리의 스페셜리스트'로 고용되어 있는 '마음의 전문가'에게 지원해주는 사람의 역할을 기대하기도 할 것이다. 그러나 '내 편이라고 할 수 있을까?' 라고 느끼는 일 또한 적지 않을 것이 확실하다.

등교거부 문제로 고통 받은 적이 있는 와타나베 히로시渡邉広史는 그런 기분을 적었다. 당시 와타나베는 자유롭게 지낼 수 있는 시립 양호교육센터를 추천 받았고, 게임이나 운동을 하면서 지냈는데 처음에는 '놀기만 하는 거라면 좋아'라고 생각하며 다녔지만 그러던 중에 미심쩍은 기분이 들었다. 그것은 친해지게 된 몇몇 아이들이 센터 직원과 함께 중학교를 보러 가서 그중에는 그대로 센터에 나오지 않게 된 아이도 있었기 때문이다.

"처음으로 나는 이 센터가 학교 복귀를 목적으로 하는 장소라는 사실을 알게 되었고, 그 이후로는 센터에 다닐 수 없게 되어버렸습니다"(와타나베 히로시 외, 《걱정하지마 등교거부心配しないで不登校》).

이해라는 이름의 조작성에 아이가 의심을 품는 장면이다. 솔직함이 결여된 관계에 대한 불신이라고 할 수 있다.

와타나베는 그 뒤 도쿄 슈레에서 같은 고민을 가진 친구들을 만나고 점차 신뢰감과 안정감을 갖게 되어 물 만난 고기처럼 다양한 활동을 하는 가운데 《걱정하지마 등교거부》라는 서적을 편찬하기도 했다.

앞의 인용 부분에서는 자신을 다정하게 받아들이는 듯하지만 그 '수용'이 행동을 변화시키는 수단에 지나지 않는다는 점을 깨닫는 아이의 불신이 기록되어 있다. 직원들은 아이들을 속일 생각은 추호도 없고, 선의로 일을 하고 있지만 당사자인 아이들 측은 '어쩐지 신용할 수 없다'라는 느낌을 갖는 것이다. 그것은 '마음의 전문가'가 근거로 삼는 이론과 기법의 본질에서 유래하는 문제이며, 또한 그 직원들이 직업적 입장을 상대화relativization해서 넘어서지 않기 때문에 발생하는 구조적인 문제이다.

그러나 이와 같은 당사자의 불신감이 전문가에게 그대로 전해지는 일은 드물다. 상대가 치료하러 오지 않게 된 것을 '난도가 높은 내담자'라는 식으로, 전문가의 형편에 맞춰서 일방적인 논리로 해석할 수 있는 틀이 준비되어 있기 때문이다. 만약 내담자가 그 틀을 깨부수려고 항의라도 하면 한층 '난도가 높은 내담자'로 받아들여질지도 모른다. 전문가 측은 도움을 원하는 상대를 단정하는 해석이론에 사로잡혀 그것을 위해 앞에서 서술한 양의적 구조를 자각하기 어렵다.

끝으로 야마시타는 '마음의 전문가'에 대해 다음과 같이 결론 내렸다.

"나 자신도 일찍이 오늘날 등교거부라고 불리는 곤란한 상황에 처해졌을 때 '환자'로 병원을 이곳저곳 떠돌았던 경험이 있다. 그런 체험에서 생각해보면, 곤란에 빠진 사람이 진정으로 원하는 것은 결코 마음의 전문가가 아니다. 오히려 자신이 처해 있는 곤란한 상황을 이해하고 그 상황을 헤쳐 나갈 '함께 싸워주는' 친구를 만나는 것이다. 그런데 '마음의 전문가'는 존재 그 자체로 볼 때 이러한 '만남'과는 인연이 없다. '만남 비슷한 것'이라고 하더라도 그것은 참으로 교묘하게 만들어진 '기법'밖에 되지 않는다. 그런 점에 생각이 이르렀을 때, '마음의 전문가'는 본래 존재하지 말아야 한다는 생각에 도달하고 만다. 현대 사회에 실제로 임상심리 전문가가 존재하고 있다는 것은 인정하지 않을 수 없다. 그러나 그러한 존재를 적극적으로 긍정하면서 문제를 봐야 하는지, 아니면 본래는 존재하지 말아야 한다는 입장에서 문제를 인식할 것인지에 따라 큰 차이를 가져올 것이다."

이상의 내용은 임상심리사의 민간인정자격을 발족한 1988년보다 1년 앞서 발표된 논문 속에서 야마시타가 지적한 것이다. 이 인정자격 문제를 둘러싸고 앞서 설명한 학회 간 또는 학회 내의 논쟁이 이어져왔다. 그러나 임상심리 업무에 의문을 던지는 소수파 학회 사람들의 목소리는 세상에 닿기 어려운 실정이었다. 그런 와중에 '마음의 문제'에 대한 대응을 받아들이는 전문가의 일은 사회에 스며들고, 나중에 설명할 '마음의 케어(치료)'라는 말도 널리 알려지게 되었다. 그러나 '마음의 전문가'를 둘러싸고 지금까지 지적되어온 문제는 지금도 변함없이 혹은 더욱 현실적인 것으로 살아 있다.

제3장

학교상담의 도입과 현재 상황

어느 상담 장면에서

경청한다, 그리고?

영상이 하나 있다. 1997년 당시 문부성이 임상심리학자들의 협력하에 2억 엔의 예산으로 제작해서 전국의 초등·중학교에 배포한 것이다. 그 속의 한 장면에 대해 생각하는 것으로 학교상담을 논해보겠다.

이 영상은 실제 장면이 아니라 각본을 바탕으로 만들어졌고, '학교상담의 사고방식과 기법'이라는 제목으로 중학생의 왕따, 폭력행위, 등교거부 문제를 예로 들어서 학생상담 기법을 예시하고 있다. 그 가운데 여기서는 교사에게 화가 나서 폭력행위를 하려고 하는 중학생에 대한 대응 장면을 다루어 보겠다. 상담의 기능에 대해 구체적으로 생각하기 위해서이다. 상담 장면은 상대의 말을 수용적으로 듣는 것에서 시작되는 것인데 잘 듣고 그다음에 어떻게 할 것인가, 어떻게 되는 것인가가 중요한 문제이기 때문이다.

장면은 졸업식을 앞두고 떠돌았던 소문에서 시작된다. 3학년 남학생들이 교사 두 명을 연못에 빠뜨릴 거라는 소문이 돌아 교직원 회의에서 이를 다룬다. 그리고 상담 지식이 있는 담임교사가 두 명의 '주모자'와 대화하면서, 세 사람의 이야기가 시작된다(이하 상담교사를 T, 학생을 각각 A, B라고 적는다. 또한 괄호 안은 영상에서 나타나는 기법 종류이다).

T: 전부터 차분히 너희들과 대화해보고 싶었어.
(자기 노출)

A: 우리들도 얘기하고 싶었어요. 얘기라고 해도 영어와 수학에 대한 불만이지만요.

B: 맞아요, 불만이라면 얼마든지 말해줄 수 있어요.

T: 그렇구나. 마음에 안 드는 게 많이 있나 보네.
(명확화)

A: 있지요. 잔뜩 있죠. 불만밖에 없는걸요.

T: 불만이 많은 것은 영어와 수학 수업이라고 했는데 그 불만을 듣는 게 나라도 상관없을까? (질문)

A: 아, 뭐 좋아요. 그렇지?

B: 응.

A: 영어도 수학도 대체로 선생님이 잘난 체해요. 거만하고 우리를 깔본다고요. 창피를 주고.

T: 음, 둘 다 괴로웠구나. 예를 들면 창피를 준다는 건 어떤 것을 말하는지 자세하게 설명해주지 않을래?
(질문)

A: 선생님이 질문을 해도 모두 지목 당하기 싫으니까 아래를 봐요.

T: 음, 그래서? (수용)

A: 그러면 선생님은 아래를 보고 있는 녀석을 지목하겠다고 협박을 해요. 그래서 위를 보죠. 그러면 지목하는 거예요. 그래서 대답을 못하면 이번에는 "알지도 못하면서 느긋한 얼굴을 하고 있다니 너 참 대단하다"라며 깔보는 거죠. 용서할 수 없어요.

T: 그게 바보가 되고 창피를 당한다는 거구나. 괴롭겠네. (지지)

B: 저는 지목 당하면 학교 따위는 없어져버리면 좋겠다 싶어요.

A: 억울해서 사실은 패주고 싶어요. 패고 싶지만 모두 참고 있는 거예요. 그렇지?

T: 때리고 싶지만 참고 있다. (반복)

B: 마음껏 패고 싶어요.

T: 때리면 그걸로 용서할 수 없다는 기분이 없어질까? (질문)

A: 그건 아니죠. 우리도 다른 애들도 사과 받고 싶어요.

T: 너희 둘의 마음은 선생님에게 사과를 받고 싶고, 사과를 받는다면 후련해질 것 같다고 생각하면 되는걸까? (명확화)

A: 그래도 선생님들은 사과하지 않을걸요.

(담임은 두 학생과 그 뒤에도 대화를 했고 그 결과를 관계된 선생님에게 보고했다는 해설이 나온다. 다음은 다른 날의 상담

장면이다.)

T: S 영어 선생님도 H 수학 선생님도 중학교에서 가르쳐야 하는 교과를 모든 학생이 확실히 이해하길 바라고 있어. (현실원칙 제시)

A: 그건 알고 있어요.

T: 그렇구나. 어쨌든 그걸 공부한 뒤에 졸업하길 바라셨던 것 같아. 그건 내 수업도 마찬가지고. (자기 노출)

A: 그 정도는 알고 있다니까요.

T: 음, 하지만 교육 방법에 문제가 있어서 그걸로 너희들에게 상처를 주거나 힘들게 했다면 지금까지 나하고 대화한 것처럼 S 선생님이나 H 선생님에게 솔직한 기분을 말해봐. 사과를 원한다고 말하면, 선생님들도 반드시 자신들이 나빴다고 말해줄 거라고 생각해. (자기 노출)

A: 사과 안 할 걸요.

T: 그런가? 그럼 내가 선생님들에게 말해볼 테니 네 사람이 대화 해보면 어떨까? (질문)

A: 그러면 진짜 패버릴 것 같으니 됐어요.

B: 맞아요.

T: 그럼 유감은 없는 거니? (질문)

A: 없어요. 선생님이라도 우리들의 억울한 기분, 패주고 싶은 기분을 알아주시니 그걸로 됐어요.

T: 고마워. 정말 기쁘구나. (자기 노출)

A: 저희도 그래요. 그렇지?

B: 응.

T: 졸업해도 가끔 놀러 오렴. 내가 걱정하는 건 너희들이 졸업한 뒤의 일이야. (현실원칙 제시) 고등학교에 진학을 하더라도, 취직을 하더라도 너희들은 집단 속에서 살아갈 수밖에 없어. 그건 나도 마찬가지고. 잘 안 풀리는 일, 마음에 안 드는 일, 이런 일 저런 일이 있는 거란다. (자기 노출)

A: 선생님, 알고 있어요.

T: 내 기분도 들어줄래. 학교와 사회 어떤 집단이나 규칙이라는 것이 있단다. 그게 마음에 들지 않아도 모두가 함께해야 하는 일이 많이 있어. 그때마다 때린다고 해도 속 시원하게 해결되지는 않아. 그것보다는 대화를 통해 서로의 마음을 이해하는 쪽이 후련하지. (현실원칙 제시, 직면)

A: 선생님, 이제 알겠어요.

T: 정말이니?

A: 정말로요. 거짓말 아니에요. 2주일 동안 선생님이랑 이야기하면서 잘 알게 되었어요.

원인 제공자에 대한 면죄와 현상 유지

이상의 내용이 화가 나 있는 학생에 대한 상담교사의 대응 예이다. 이 뒤에 해설로 기법에 대한 설명이 더해진다. 그것들은 경청, 수용, 반복, 명확화, 지지, 질문, 자기 노출(자신의 생각과 감정을 이야기함) 등이고, 마지막에 현실원칙의 제시와 대결을 행한다고 되어 있다. 이 사례를 살펴보면 난폭한 교사의 방식에 화를 내고 있는 학생의 기분을 잘 들어주고, 그 기분과 말을 상대에게 되돌려주면서 생각하게 하고, 이해하고 있다는 것을 전달하면서 충분히 말하게 하고, 때로는 자신의 생각도 이야기한다. 그리고 학생의 기분이 안정되었을 때 훈계하는 순서로 되어 있다.

실제로 학생이 이런 식으로 뜻대로 행동해줄지 어떨지는 매우 의문스럽지만 그 문제는 접어두고, 이 예는 상담 기법과 역할을 알기 쉽게 보여주고 있다. 그 기법이란 다시 말해 화를 효과적으로 다스리는 것이다. 또한 역할이란 본인을 주위의 관계에서 분리해서 변화시키고 교실상황을 보존하는 것이다.

여기서 학생들은 자기 일처럼 생각을 들어주는 것에 만족해서 화가 누그러지는 반면, 난폭한 교사들은 자신의 방식을 재고할 필요도 없이 결과적으로 면죄 받고, 학교는 현상 유지한다. 학교현장 특히 관리직에 상담이 환영 받는 이유를 알 수 있다. 학생의 항의를 '문제행동'으로만 받아들이고, 그것을 교묘하게 처리해서 또 당사자의 한쪽인 교사를 변호하고 모든 것을 원만하게 풀어나가 최종적으로 학생이 '설교'를 받아들이게 되기 때문이다. 영상 장면 속에서는 학생이 하는 말을 진심으로 '문제교사'에게 전달하려고 하지 않는 등 다양한 기만이 보이지만 그것들은 담임이 학생의 말을 잘 들어준다는 행동으로 용서되고 허용되며, 가려지고 감춰진다.

부드러운 관리를 가능하게 하는 '뛰어난' 기법은 이와 같이 상담이 대표적이다. 다정하게 잘 들은 다음 어떻게 할 것인가? 일반적으로 거기에는 두 가지 방향성이 있다. 문제 있는 사태를 개선할 것인가, 아니면 문제를 개인에게 돌려 반성으로 이끌어 해결할 것인가? 둘 중 하나뿐이라는 것은 말도 안 되지만 상담의 사상과 기법이 후자에 중점을 두고 있다는 것은 명확하다. 그것은 앞에서의 사례뿐만 아니라 많은 상담 사례의 보고서에서 공통으로 보이는 것이다. 즉 개인 환원적인 관점에 입각해서 현상유지에 귀결하는 결과로 해결하는 시각이다.

그러나 현재 학교라는 장소에서 발생하고 있는 '문제'는 터진 자리에 테이프를 붙이는 방법으로 대응할 수 있는 것이 절대 아니다. 그것은 학교현장을 한층 혼란스럽게 할 것이다. 문제의 근본을 보는 눈이 없기 때문이다.

일본의 학교에 새로운 관리 형태와 역할을 담당하는 상담사는 어떤 시대 배경을 바탕으로 도입된 것일까? 다음에는 학교의 현재 상황과 문제를 다루면서 학교와 상담의 관계를 역사와 함께 이야기해보겠다.

학교상담사의 도입 경위와 현재 상황

학교와 아이의 어긋남 속에서 [1]

학교는 어른이 준비한 아이를 위한 공간이다. 적어도 당사자인 아이 측은 그렇게 받아들이고 있다. 아이의 공간이라면 입장이 다른 어른과 아이가 서로 의견을 나누며 그 장소를 만들어가는 것이 자연스러울 것이다. 그러나 앞의 비디오 장면이 잘 보여주고 있는 것처럼 그렇게는 되지 않았다. 어른이 일방적으로 장소를 준비하고 아이는 그곳에 적응해야 해서 적응할 수 없는 아이는 '마음'에 문제가 있는 것으로 여겨져 지도받고 치료받는다. 부드러운 기법이나 강한 기법, 그리고 두 가지를 함께 사용해서 말이다.

그런데 이 장소에 적응할 수 없는 아이, 그중에서도 '등교거부 아동'은 최근 30년간 계속 증가 추세로 문부과학성의 발표에 따르면 2000년도에는 그 수가 초등·중학교를 합쳐서

1) 아이들의 등교거부에 관한 필자의 책으로는 《학교란 무엇일까?》가 있다.

13만4천 명이 넘었다고 한다. 중학교에서는 38명 중 1명꼴이다. 양호실 같은 곳에서 지내는 아이의 수는 여기에 포함되지 않았으며, 발표하는 학교 측은 그 수를 가능한 한 억제하려 하기 때문에 실질적인 등교거부 아동의 수는 발표된 것보다 훨씬 많을 것이다. 그 문제는 '등교거부 감추기'라는 표현으로 자주 지적되고 있다.

이러한 사태가 발생하고 있는 것과 학교에 학교상담사가 도입된 것은 당연히 관련이 있다. 이미 제2장에서 설명한 내용으로 1980년대 후반에 '마음의 전문가'가 나서서 학교에 들어가려는 움직임이 시작되었으며, 전문가 내부에서 문부성을 감독관청으로 하는 민간자격 인정제도를 마련하여 1990년대에 들어서는 그 차례를 기다릴 뿐이었다.

학교, 즉 국가가 준비한 아이를 위한 장소는 아이와 그 가족을 관리하는 관리기구라는 의미도 갖는다. 한편 아이 측에서 보면 학교는 친구나 여러 어른들과 함께 생활하는 장소이다. 등교거부 아동이 계속해서 늘어가는 것은 이 관리기구가 제대로 기능하지 못한다는 것을 나타내며 아이는 자신들이 생활하는 장소라고 느낄 수 없게 되었다는 사실을 알려준다.

그러나 일본 구석구석까지 통일적으로 완비된 거대한, 더구나 130년의 역사를 갖는 학교조직은 시대와 아이의 기분 변화에 따른 유연하고 신속한 대응을 어렵게 한다. 학교의 상태는 좀처럼 변하지 않는다. 그중에서 가장 강고하게 변화를 방해하는 것은 학교와 아이에 대한 어른의 의식이다. 그곳이 어떤 장소이든 간에 아이가 학교라는 이름의 장소에 다니는 것은 당연하고, 다니지 않는다면 아이와 가족에게 문제가 있기 때문이라고 하는 사고방식이 뿌리 깊다. 그것은 사회에 뿌리를 내린 학교신앙 때문이기도 하고, 또한 그렇게 생각하는 편이 어른에게 편하기 때문이기도 할 것이다. 아이는 어른이 정한 것에 따라야 한다는 기준을 유지해야만 어른의 지배욕망을 만족시킬 수 있는 것이다.

학교기구를 종래처럼 유지하고자 하는 국가·문부성과 학교라는 전국 규모의 거대한 시장에 직장을 확대하려고 하는 전문가의 바람은 이와 같은 배경의 토대에 결부되어, '마음의 전문가'를 학교에 배치하는 준비가 진행되었다. 단, 그것을 구체화하기 위해서는 어떤 계기가 필요했다.

그 계기가 된 것은 1994년 11월에 아이치현愛知県에서 발생한 왕따로 인한 중학생의 자살이었다. 앞에 설명한 등교거부 증가와 더불어 학교에서는 아이들의 관계도 악화되어 왕따 문제가 눈에 띄기 시작했다. 집단 속의 관계 악화로 생명을 끊은 중학생이 나왔다는 사실은 사회에 큰 충격을 주었다. 매스컴도 신문 1면에서 대서특필했다. 이 사건을 계기로 다음 해인 1995년도부터 학교상담사의 학교 도입이 시작되었다. 국가의 새로운 정책은 항상 미리 준비되며 어떠한 계기를 가지고 구체화된다.

도입이 보류된 1980년대의 사정

1994년 아이치현에서 발생한 것과 같은 사건이 1986년 도쿄도 나카노구東京都中野区에서도 일어났다. 이 사건은 자살한 중학생이 남긴 '이대로라면 생지옥이 되어버릴 것이다'라는 말로 사람들에게 기억되고 있다. 그러나 그때는 '마음의 전문가' 도입을 실현하기까지는 이르지 못했다. 사회와 학교 모두 그것이 과연 좋은 방법인지 도입을 망설였기 때문이다. 당시의 전문가 측도 학교에 들어가는 것을 주저하고 있었다.

1994년의 사건과 이듬해 학교상담사 예산조치 관련하여 학교에 상담사 도입을 추진해온 전문가 중 한 사람은 1998년에 다음과 같이 말했다.

"아이치현 니시오시愛知県西尾市의 도부東部 중학교 2학년 오오코우치 세이키大河内清輝 군이 반 친구들에게 왕따를 당해 괴로워하며 목숨을 끊었습니다. 세이키 군의 유서는 왕따를 다시 사회문제화하는 계기가 되어서 큰 반향을 불러일으키고 있습니다. 중의원 문교위원회는 1994년 12월 8일에 집중 심의하여 요사노与謝野 문부대신이 '긴급히 대처하겠다'라고 공표했습니다. 다음 날인 9일 문부성은 '왕따 대책 긴급회의'를 소집해서 대응을 협의했습니다. 1986년(쇼와61년)에 도쿄도 나카노구 후지미富士見 중학교의 시카가와 히로후미鹿川裕史 군이 '이대로라면 생지옥이 되어버릴 것이다'라고 하며 자살한 지 8년이 지난 뒤의 대응이었습니다. 사실 1985년(쇼와60년)에 문

부성 대책회의에서 긴급제안으로 '외부 상담사의 도입'을 제안했지만 대장성(우리나라의 재정경제부)의 예산 조정에서 삭감되어 빛을 보지 못했던 것입니다. 9년이 지나서야 또 한 명의 자살자의 목숨을 건 문제제기로 인해 예산조치가 실현됐다고 해도 과언은 아닙니다. 참혹한 일이긴 하지만 앞으로의 방지를 위해서라도 우리 모두의 지혜를 모아서 노력해야 합니다(무라야마 쇼지村山 正治, 《새로운 학교상담사新しいスクールカウンセラー》).

전문가 측의 움직임과 그것이 구체화되는 계기의 관계를 이 기술은 명확히 보여주고 있다. 그러나 전문가라고 한 단어로 말해도 그 의향이 하나로 정리되었던 것은 아니다. 학자·전문가·상담사라고 불리는 사람들 사이에는 예전부터 입장과 견해 차이가 있었다. 이 전문성 자체를 되묻고자 하는 입장에 대해서는 이미 설명했다. 추진을 지향하는 입장도 다 똑같지 않다. 상담직에 관해 '아마추어'와 '전문가' 사이에 높은 울타리를 설치하는 데 찬성하지 않는 입장도 있는가 하면, 자격을 인정하는 단체가 지정하는 대학원의 석사과정 수료 이상을 조건으로 하는 독점적인 입장을 취하는 집단도 있다. 전자의 대표적 존재는 일본상담학회 이사장인 고쿠부 야스타카国分康孝이며, '카운슬링·마인드counselling mind'라는 말을 세상에 퍼뜨렸다. 이 입장은 유독 교직원 세계에 영향이 컸다. 후자의 입장은 앞에서 설명한 일본 임상심리사 자격인정협회 회장인 가와이 하야오를 중심으로 하는 그룹이다. 앞에 인용한

무라야마도 학교에 전문가 도입을 견인한 인물 중 한 사람으로 고쿠부와 같은 문턱이 낮은 상담론을 항의서에 명시하며 비판했다. 그 비판은 다음과 같다.

"카운슬링·마인드라는 말은 입에 착 감기며 이해하기 쉬운 것 같지만 실체와 엄격함이 없고, 상담은 누구라도 할 수 있다는 안이한 생각을 만들어냄으로써 저가의 상담사를 만들어 그 결과 전문성의 필요성이 제외되고 만다."

여기서는 상담이라는 일을 '높은 자격'을 가진 사람들이 독점해서 근접 전문영역과의 관계에서도 권위가 높은 자격을 만들려고 하는 전문가 중심의 의도를 알 수 있다.

학교에 상담사를 도입하는 것에 관해서는 전문가와 교육행정 사이에서 다양한 생각이 엇갈려왔다. 특히 1980년대 학생들의 저항, 특히 '교내폭력'으로 인해 학교 운영이 크게 어려워지고 있었을 무렵에는 전문가를 도입해야 할 것인가 아니면 교직원이 협력해야 할 것인가로 다양한 논의가 있었다. 결코 무라야마가 말한 것처럼 교육행정의 대응이 단순히 느렸다는 얘기가 아니다. 예를 들면 도쿄도의회東京都議会는 1982년 7월에 이 문제로 학교관리직의 대표자와 임상심리학자 에바타 레이코江幡玲子 두 사람을 초빙하여 공청회를 실시했는데 거기서 에바타는 다섯 가지 근거를 들면서 도입을 반대했다. 그 요점은 다음과 같다.

첫째, 학교에 상담사를 한두 명 둔다고 해서 해결되지 않는다. 모든 교사가 상담사의 역할을 담당해야 하고, 트레이닝을 받을 필요가 있다. 둘째, 상담사가 한 명이라면 그 상담사와 마음이 맞지 않는 아이는 비극이다. 셋째, 그러나 교사만으로는 충분하지 않으므로 상담사의 상담사, 즉 지도 상담사가 (학교 외부에서 연수 등으로) 지도할 필요가 있다. 넷째, 교사가 인간관계에 관한 기본지식을 갖추기 위한 연수가 필요하다. 마지막으로 교직과정 안에 인간관계나 임상심리학에 관한 교과를 두어야 한다.

'모든 교사에게 카운슬링·마인드를'이라는 에바타의 의견은 당시 도쿄도의 방침에 영향을 주어서 교직원 연수계획에 반영되었다. 도교육청은 10년 동안 적어도 교원의 반수가 초급연수를 받을 수 있도록 예산을 편성했다. '고도의 전문성을, 전문가가'라는 이른바 '높은 산'파와 '교직원 누구나 일상생활에서 카운슬링·마인드를'이라는 '낮은 언덕'파의 경쟁은 이 시점에서 일단 '낮은 언덕'파가 통했다.

그러나 거기에는 말할 수 없는 다른 이유도 있었다. 1980년대 전반의 학교라면 '교내폭력'이 문제되던 시기였고, 이런 종류의 문제는 상대와 말을 주고받음으로써 승부하는 '마음의 전문가'가 다루기 어려워하는 부분이었다는 것이다. 만약 이 시점에 학교현장에 나갔다고 하더라도 "상담? 웃기지 마!"라며 학생들에게 얻어맞고 끝나버렸을지도 모른다.

어쨌든 여기서 전문가는 불 속의 밤을 줍는 듯한 위험한 일을 하지 않고, 후방 지원이 아닌 교사에 대한 전방 지원의 역할을 선택했다고 할 수 있을 것이다. 그러나 학생들의 항의행동은 상담과는 관계없이 직접 경찰의 개입을 통해 일단 수습되었다.

경찰의 제압으로 학생들의 '문제'는 안으로 숨어들었다는 당시의 말처럼 이후에는 왕따와 등교거부 문제가 눈에 띄게 되었다. 그리고 1986년에 앞서 설명한 왕따로 인한 사망 사건이 발생했고, 그 뒤 등교거부의 급증과 저연령화가 학교를 괴롭혔다. 등교거부 문제의 치료는 개별면접이 쉽기 때문에 '마음의 전문가'가 어떤 의미에서는 원하는 대상이다. 상담의 기본 형태인 개별대응을 취할 수 있으며 대화를 통한 관계를 만들기 쉽기 때문이다. 여기서 1990년 전후에 '높은 산'파가 매스컴을 활용하여 자격을 가진 학교상담사를 학교에 배치하도록 문부행정과 여론을 움직인 것이다. 그리고 앞에서 설명한대로 1994년 중학생 왕따 자살 사건을 계기로 비로소 '마음의 전문가'가 학교로 들어가게 되었다. 사업명칭은 '문부성 학교상담사 활동조사 연구위탁사업'이었다.

교직원의 무력감 증대

학교에 상담사가 들어간 배경에는 이와 같이 다양한 사정과 의도가 서로 얽혀 있다. 1980년대 전반에 '마음의 전문가'가 직접 학교로 들어가지 않고 교직원에 대한 상담 연수사업을 펼친 것은 '교내폭력' 문제와도 관련이 있었을 것이고, 1995년에 이 사업이 '높은 산'파의 주도로 실현되었던 것은 등교거부 문제의 확대가 배경이 되었다. 단순히 전문가의 '파벌' 문제만이 아니라 교직원의 의식변화에 관한 문제도 있다. 그 사정은 다음과 같다.

1980년대의 교직원들은 직접 학생들과 마주하고, 학교를 어떻게든 납득이 가는 장소로 만들어나가려는 힘과 자부심을 유지하고 있었으며, 심리학자라고 일컫는 전문가가 자신들의 직장에 들어오는 것에 저항감을 가지고 있었다. 학급 아이들과 관계를 맺는 것은 교직원의 중요한 업무였다. 교과를 가르치는 것만으로 충분하지 않다는 자부심이었다. 애초에 일본의 학교는 아이의 생활과 진로를 포함해 아이들과 온전히 함께하는 전통을 가지고 있었다. 교과지도를 제외하고는 거의 간섭하지 않고 가정과 지역에 아이의 생활을 맡기는 미국이나 유럽의 대다수의 학교와는 이 점이 다르다.

그러나 학교의 상태를 그대로 유지한 채 개별적인 노력은 결실을 맺기 어려우며, 교직원의 피로와 무력감이 에너지를 좀먹고, 1990년대에 '학급붕괴'라는 말이 세간에 떠돌게 되었을 무렵에는 오히려 묻지도 따지지도 않고 '전문가'에게 의지하려는 분위기가 대세를 이루게 되었다. 전문가가 무엇인지 고려하지 않고 "하다못해 전문가가 있어준다면 안심할 수 있겠다"라는 말을 교직원들에게서 듣게 되었다. 변화하는 시대 속에서 태어나서 자라는 아이들의 마음과 고전적 가치를 유지하는 학교 사이의 어긋남은 시스템의 '충실'과 개인적인 노력으로는 해결할 수 없는 심각한 문제가 되었기 때문이다. 따라서 여기에 '마음의 전문가'가 추가적인 시스템 보강의 일환으로 참가해봤자 학교의 문제만 더욱 악화시킬 뿐 해결의 방향은 찾아낼 수 없다. 하지만 학교현장의 무력감·좌절감이 전문가에게 의존하려는 마음을 불러왔다. '마음의 전문가'의 학교 배치를 현장에서 받아들이게 된 배경에는 이러한 사정도 살펴봐야 한다.

'마음의 전문가'의 이중 구도

1990년대에 '높은 산'파에 한 걸음 양보한 '낮은 언덕'파의 그 이후에 대하여 언급해둘 필요가 있다. 학교상담사 사업이 1995년도에 시작된 지 3년 뒤인 1998년에는 '낮은 언덕'파의 주장에 가까운 이른바 세미프로들에 의한 상담사업이 별도로 세워져 학교에 도입되었다.[2] 그것은 '마음의 교실(상담실)'이라고 이름 붙여진 곳에 '마음의 교실 상담원'이 배치된 사업이다. '높은 자격'이 요구되는 학교상담사의 인원 부족 문제와 예산삭감을 목적으로 하고 있었을지 모르나 두 '학자 파벌'의 다른 의견과 입장이 관계되어 있는 것이다. 양자에 대한 문

2) 세미프로semi-pro란 직업적으로 활동하지는 않지만 전문적인 지식이나 소양을 가지고 있는 사람이다.-옮긴이.

부성의 '평등한' 배려였던 것일까?

사업 취지는 다음과 같다.

"전국의 공립 중학교에 학생들이 부담 없이 고민을 말할 수 있고, 학생들의 스트레스를 풀어줄 수 있는 제삼자를 배치함과 동시에 학생들이 마음의 여유를 가질 수 있는 장소를 긴급하게 정비할 필요가 있다."

이 사업의 시작은 지난 해 고베神戸에서 초등학생 연속살해 사건이 발생해 6월에 중학생이 체포된 일이 계기가 되었다. 당시의 하시모토 내각과 문부성은 소년이 체포된 직후 '마음의 교육'에 관련해 제16기 중앙교육심의회에 자문하는 것과 동시에 마음의 교실 상담원 사업을 설립, 이후 3년간 5,200개 정도의 학교에 배치할 것을 계획했다. 아이들의 고민을 듣는 상담원은 지역의 교직경험자와 청소년 단체의 지도자로 예정했고, 실제로는 주부, 대학원생 등이 참여했다. 아이들이 마음 편히 수다 떨 수 있는 학원이나 융단이 깔린 (공부방) 공간을 지향했다. 신문에서는 '냉방이 잘되는 방에서 마음의 고민을 들어줍니다. 차도 마실 수 있습니다. 편한 마음으로 오세요. 최근 칼부림 사건이나 양호실 등교로 표출되는 중학생의 불안과 스트레스를 줄이고자 이런 공간이 등장했다'라고 보도했다(〈아사히신문〉, 1998년 7월 24일자).

그 무렵 한 양호교사가 "상담실에는 소파와 샹들리에에 상담사가 있고, 마음의 교실에는 다다미와 고타쓰(こたつ, 난방기

구)에 마음의 상담원이 있고, 양호실에는 낡은 마루바닥과 학생 무리가 있다"라고 웃으며 말했다. 왜 양호실은 학생 무리인가? 그곳은 아이들의 고민 상담실로 지정된 장소가 아니라 학교 안에서 아이들 스스로가 발견한 여유로운 장소이기 때문일 것이다. 제도화된 장소에서 "고민이 있는 학생은 이리로 오세요"라고 한들 아이들이 "네, 알겠습니다" 하며 나서려고 하지는 않는 것이다.

이렇게 수년 동안 학교현장에는 '마음을 담당'하는 두 종류의 상담원이 신분과 대우의 격차를 갖는 상하구조를 바탕으로 등장했다. 얼핏 '세심한 마음의 케어'인 것처럼 보인다. 하지만 '충실한 상담'과 함께 아이들은 도망칠 수 없게 되었다. 괴로울 때 잠시 도망칠 수 있는 여유를 빼앗아버리는 것은 잔인한 일이다.

2001년 11월, 사이타마현 구키시埼玉県久喜市에서 중학교 3학년 여학생 두 명이 투신자살했다. 여학생들은 교실이 아닌 교내에 개설되어 있는 '상쾌한 상담실'에 다니고 있었다. 그렇기 때문에 두 학생은 등교거부는 아니라고 보도되었다. '섬세한' 상담체제가 있었던 것이다. 그러나 그렇기 때문에 두 학생은 괴로웠을지도 모른다. 학교에 지쳤는데 잠시 쉬는 것조차 불가능했기 때문이다. 두 학생이 남긴 유서 비슷한 쪽지에는 '사는 데 지쳤다', '무엇을 위해 살고 있는지 모르겠다'라고 적혀 있었다고 한다.

이 사건에 대해 등교거부 아이들의 거처를 오랫동안 주재해온 도쿄 슈레의 오쿠치 게이코奧地圭子는 이렇게 지적한다.

“예전에는 교실에 들어갈 수 없으면 등교하지 않고 집에서 지냈다. 그러나 교실에 올 수 없다면 양호실, 도서실, 회의실로 등교하도록 장려되었고, 그러는 동안 빈 교실이 늘어나게 되면 상담실, 마음의 교실 같은 것이 생겨나 별실 등교를 하는 아이가 크게 늘었다. (생략) 내 아이를 등교거부라고 인정하고 싶지 않은 부모, 등교거부를 만들고 싶지 않은 교사의 의도가 뒤엉켜 등교를 거부할 권리마저 빼앗긴 채 학교에 갇혀버리는 상황이 생긴 것이다. (생략) 집에 있는 아이를 학교에서 데리러 왔을 때 예전에는 부모가 방파제가 되었다. 하지만 별실 등교로 학교 지도에 맡기게 되면 그 방파제마저 없어진다. 2년 가까이 교실로 돌아가려는 노력과 불가능한 자신과의 갈등 그리고 고교수험과 졸업을 눈앞에 둔 11월, 중3 여학생들은 쪽지 내용 그대로 사는 데 지쳐서 죽음을 선택했다. 만약 두 학생이 학교 이외의 길도 있다는 것을 알았더라면 또 달랐을 것이다. 어디까지나 학교 복귀, 교실 복귀에 연연하는 교육정책과 가치관의 변혁을 강력하게 호소하고 싶다” (〈등교거부 신문〉, 2001년 12월 15일자).

‘마음의 상담’의 충실한 시스템은 촘촘한 새 그물처럼 아이들을 에워싼다. 친절한 관리, 그러나 ‘문제아’에 대한 부드럽고도 열렬한 특별 취급은 결과적으로 당사자를 고통으로 몰아넣는다. 소녀들의 죽음을 통해 우리는 그것을 깨달아야 한다. 아이들과 함께 그물 사이에 구멍을 뚫어 적당히 드나들 수 있을 정도의 느슨한 공간으로 함께 만들어낼 가능성을 갖고 있는 사람은 역시 교직원들이다. 무엇보다도 학교라는 생활의 장을 항상 아이들과 공유하고 있기 때문이다.

어느 교원은 "학교에서 함께 지내는 동료가 아이의 고민을 감싸주지 않고 상담사에게 맡기게 되면 학교의 의미는 끝난다. 교직원은 다른 잡무를 그만두고 함께 생각할 시간을 만들어야 한다"라고 말했다. 이 말에 학교라는 장소에 대한 희망을 걸어보고 싶다.

대학생의 학교상담 관점에서

일상적인 관계의 의의

여기서 아이와 젊은이는 이 학교상담 도입을 어떻게 받아들이고 있는지 대학생들이 하는 말을 근거로 예상해보겠다. 학교상담의 대상의 입장을 아는 것이 중요하기 때문이다. 나는 1970년대 후반부터 현재까지 대학에서 오랫동안 상담과 심리검사 문제를 학생들과 생각해왔다. 여기서는 1980년대 후반 상담의 학교 도입이 화제가 되기 시작했을 당시 학생들의 의견과 2001년 현재의 의견을 비교하면서 학교에서 아이들의 기분을 추측해보겠다.

예를 들면 1980년대 후반 무렵의 학생들은 보고서에 다음과 같이 적었다.

▶ 지금의 학교 모습을 보면 '아, 과연 학교에 상담사가 있는 것도 괜찮겠구나'라는 생각도 든다. 그렇다면 리들이 생활하는 학교라는 장소는 무엇일까? 생활을

함께하는 가족과 마을, 지역은 무엇일까? 누구나 고민을 갖고 있다. 하지만 함께 고민하는 친구들이 있기 때문에 해보자 하며 살아갈 수 있을 것 같은 기분이 든다. 특별히 고용된 고민 상담사가 있는 건 부자연스럽지 않을까?

▶ 학교 선생님의 머릿속은 항상 진학에 관한 일로 가득 차 있다. '불량학생' 소탕에 삶의 보람을 느끼는 것 같은 선생님도 있다. 학생들은 교사를 신뢰하지 않는다. 신뢰관계가 사라진 학교에 '고민 상담 전문가'가 있다고 학생이 스스로 찾아가지는 않을 것이다.

▶ 지금까지 전혀 교류하지 않았던 타인을 찾아가 심각한 고민을 상담하는 것은 부자연스럽다. 인간은 각자의 관계 속에서 살아갈 수밖에 없기 때문에 그 관계 속에서 다양한 문제를 해결해야 한다고 생각한다. 치료가 필요한 것은 개개의 인간이 아닌 관계성이다. 한 사람을 변화시키는 것으로 그친다면 단지 그 사람을 전체 속에 묻어버리는 것일 뿐이다.

▶ 순순히 교사의 말에 따르며 열심히 공부하는 아이가 '좋은 학생'이라면 나는 틀림없이 '문제아'이다. 그런데 왜 학교라는 장소의 문제를 학생 개인의 문제로 살짝 바꿔치기 해버리는 것일까?

▶ 평상시 그 사람이 어떤 태도로 살아가고 있는지, 지금까지 그 사람이 어떤 인생을 보내왔는지를 모르는 전문가에게 고민을 상담하는 것은 기분 나쁜 일인 것 같다. 상담을 들어주는 사람이 있다면 안심할 수 있기 때문에 상담시간을 마련해주는 것은 좋다. 하지만 상담사는 학생과 평상시에 함께 생활하고 있는 사람이라면 좋겠다. 예를 들면 학교의 여러 선생님, 식당 아주머니, 동네 아저씨 같은 분들 말이다. 어쨌든 상담해주는 사람을 지정하지 말아야 한다고 생각한다. 저 사람이라면 상담해보고 싶다는 마음이 중요하기 때문이다.

1980년대 후반의 학교는 교내폭력 '진압'에 뒤이어 아이는 어른과의 어긋남 속에서 동요하고, 학교 내부 교직원 사이의 관계도 뿔뿔이 흩어지는 것 같았다. 그럼에도 당시 대학생들의 글에서는 그들이 일상생활 속에서 사람에 대한 신뢰감을 잃지 않고 있다는 것이 전달된다. 평범한 생활 속에 발을 디디려 하고 또한 그렇게 할 수 있다고 어느 정도 믿을 수 있었다고 생각한다.

그리고 십수 년이 지난 현재는 어떨까? 학교상담사가 도입되고 6년이 지난 2001년 9월 학생들은 학교상담사에 대해 상담하고 싶은 이유, 하고 싶지 않은 이유에 대해 다음과 같이 적고 있다.

▶ 상담사에게 상담하고 싶다.

- 정말 자신의 일인 것처럼 들어줄 것 같다. 마음에서 내 편이 되어주면 좋겠다.
- 나 자신이 무엇을 하고 싶은지, 어떤 인간인지 잘 모르겠다. 친구에게 말해봐도 "나도 그래"하며 그걸로 끝이다. 확실히 그 순간은 안심하고 서로를 이해할 수 있지만 구체적인 해결책을 찾아낼 수는 없다. 학교상담사의 지식과 입장에서 이야기를 들을 수 있다면 또 다른 관점을 가질 수 있을 거라고 생각한다.
- (고민에 대한) 진정한 대답을 알고 있을 것 같고, 선생님이나 친구에게 이야기하면 다른 사람에게까지 퍼질 염려가 있는 문제라도, 상담사는 학교 안의 문제가 아닌 개인의 문제로 봐주고 비밀을 지켜준다.
- 상담해보고 싶다. 다른 사람에게 의견을 듣는다는 것은 상당히 흥미롭기 때문이다. 하지만 엄청나게 큰 문제라면 상담하지 않을지도 모른다.
- 내가 다니던 학교에도 있었지만 당시에는 어떤 것을 해주는지 알지 못했다. 지금의 나라면 상담을 하고 지혜를 얻고 싶다.
- 나 자신이 상담을 할지 말지는 상담사의 사람 됨됨이와 나와의 관계 깊이에 달려 있다.

▶ 상담하고 싶지 않다.

- 상담하지 않을 것이다. 평소 접촉한 적 없는 사람에게는 상담할 수 없기 때문이다.

- (상담사가) 아무리 상담과 들어주는 전문가라고 해도 나는 마음에서부터 신뢰하고 있는 사람이 아니라면 말하지 않을 것이다.
- 모르는 사람에게 갑자기 마음속 생각을 말하는 데는 무리가 있다. 교류하게 되고 신뢰할 수 있다면 별개지만 말이다.
- 지금까지의 내 체험에 직접 관련되어 있지 않다면 아무리 전문가라도 현실적인 말은 해줄 수 없을 것 같다.
- 학교에 대해 항상 불신감을 갖고 있었고, 학교상담사에 대해서도 마찬가지였다. 나에 대해서 알고 있는 것은 부모와 형제, 친구들이고, 심리검사로 나를 이해할 수 있다고는 생각하지 않으며, 이해해주길 바라는 마음도 없다.
- 상담사라는 것만으로 벽을 느낀다. 상담을 일로 하고 있다면 나를 특별하게 보면서 분석하고, 해답을 내놓을 것 같은 기분이 든다. 그것보다는 전문적인 지식은 없지만 함께 생각해줄 친구에게 상담하고 싶다.
- 학교상담사의 손이 도저히 닿을 수 없는 나 개인의 갈등, 딜레마라고 생각한다.

1990년대 전반에 카운슬러라는 직업을 매스컴 등에서 선전했을 무렵, 나는 학생들이 가진 상담에 대한 환상과도 같은 기대의 크기에 놀랐다. 그 현상에 대해서는 이미 제1장에 설명했다. 그러나 2000년대에 들어 실제로 가까이에서 그 존재를 접하면서 수용방식도 냉정하게 변화되었다.

앞에 서술한 학생들의 표현에는 크게 나눠서 세 가지 내용이 포함되어 있다. 첫째는 온전한 내 편이 되어주길 바란다. 둘째는 카운슬러의 입장에서 의견을 듣고, 다양한 지식을 얻고 싶다. 이 두 가지는 기대와 환영의 심정이다. 셋째로 일상생활 속에서 관계를 맺고 있지 않은 사람에게 상담할 마음이 생기지 않는다. 이것은 기피와 부정의 심정이다. 세 번째는 앞서 예로 든 1980년대 학생들의 보고서에서 보이는 주된 사고방식이며, 현재 희미해지고는 있지만 아직 꿋꿋하게 살아 있다.

이 문제, 즉 관계의 일상성·비일상성의 문제는 항상 '마음의 전문가' 이론의 근간이 되기 때문에 지금까지도 이따금 언급해왔으며 앞으로도 논의하게 될 것이다. 그런 이유로 여기서는 첫 번째와 두 번째 문제에 제한해서 생각해보겠다.

첫 번째는 생활 속의 상호 지원 문제이다. 혼자 떨어져서 문제를 끌어안고 고민할 때, 누구나 같이 호의적으로 관여해줄 사람을 원하고 온전한 내편을 원한다. 가능하다면 일상의 관계 속에서 찾는 것이 당연하다. 그러나 그것을 찾아내기 어렵게 되었다는 점은 모두가 절감한다. '귀찮은 일은 질색이야. 즐거운 일만 하고 싶어'라는 자기중심주의가 만연하고 있기 때문이다.

무엇보다 이러한 경향에 관련해서 젊은 세대가 '자기중심'

이라고 비판적으로 표현하는 데서 알 수 있듯이 타인의 곤경에 무관심한 태도를 취하는 데는 물론 망설임이 있다. 괴로워하는 상대에게 무관심해도 된다고 생각하지는 않는다. 그러나 자신의 일상 관계 속에서는 그것과 맞설 자신이 없다. 자신에게 더욱 안전한 비일상적인 장소라면 관여할지도 모르지만 말이다.

대참사에 대한 미디어 보도를 접한 많은 젊은이들이 자원봉사자로 모여드는 것도 그런 심정과 관련되어 있을지도 모른다. 예를 들면 1995년의 한신·아와지 대지진 당시가 그렇다. 곁에 있는 친구보다 먼 곳의 재난에 관심을 갖는 것이다. 물론 관심을 갖지 않는 것보다는 좋겠지만 자신들의 일상생활 속에서 '내 편'을 만드는 데까지는 미치지 못한다. 일상의 관계는 복잡함이 항상 따르는 것이 자연스러운데 그것에 대한 경험 부족으로 뒷짐을 지게 된다. 그래서 카운슬러라는 책임자를 찾게 된다. 그러나 '사실은 서로 관계를 맺으면 좋겠지만'이라는 마음이 존재하고 있음을 나는 믿어 의심하지 않는다. 그 갈망의 실현이야말로 중시하고 싶은 것이다.

의심 받는 어른과의 관계

두 번째 주제는 다양한 사람을 알고 의견을 듣고 싶다는 것이다. 이번 학생들의 보고서에서 눈에 띄는 내용인데 학생들은 사실 '고민은 스스로 해결하고 싶고 그렇게 할 수밖에 없다'라는 생각을 하고 있다는 사실이다. '모두 바쁘기 때문에 친구에게 걱정을 끼치는 것도 미안하다'라는 말을 평상시에 많이 듣는다. 게다가 서로에 대한 의심은 또 다른 의심을 낳기 쉽고, 고민을 말하기 어렵다. 요즘 세상은 일상의 인간관계에 기댈 수 없고, 안심할 수 없어서, 스스로 뭐라도 하는 수밖에 없다고 하며 혼자서 감당하는 정도가 커지고 있다. '가령 엉뚱한 결과가 나타나더라도 스스로 어떻게든 해보려 하기 때문에 카운슬러에게 상담을 받으려고 하지 않았을 것이다', '상담을 받는다고 내 성격이 변하는 것도 아니고, 상황이 달라지는 것도 아니다. 해결은 대부분 운에 달렸다고 생각한다' 등의 내용이 있었다.

물론 그런 사고방식이 지금에 와서 시작된 것은 아니다. 그리고 스스로 어떻게든 해결하려고 노력하는 것은 자연스러운 일이다. 단, 자신이 끌어안고 가더라도 더 다양한 생각을 알고 싶어 한다. 그것도 단순한 정보가 아니라 사람들의 생활방식에 스며들어 있는 생각을 참고하고 싶다고 아이들과 젊은이들은 희망하고 있다.

그렇다고는 해도 주변 어른들의 삶의 방식을 넌지시 보고 듣고 배울 기회가 줄었다. 이것도 사람들의 고립과 관계가 있다. 어느 중학교 양호교사가 말한 내용인데 그녀가 이혼한 사실을 알게 된 한 여학생이 슬며시 "선생님, 행복해요?"라고 물어봤다고 한다. 안심하고 이런 대화를 할 수 있는 관계를 젊은 사람들은 원하고 있는 것이다. 보고서에서 보이는 '카운슬러의 의견을 듣고 지식을 얻고 싶다'와 같은 부류의 말은 일상생활에서 이루기 어렵게 된 어른에 대한 소망을 반영하기도 한다.

그렇게 생각하면 젊은 사람들이 상담에 의존하는 것은 윗세대가 자신들의 삶의 방식을 보여주지 않고, 스스럼없이 말해주지 않는 세태와도 관련이 있을 것이다. '마음의 문제'는 심리학적 식견이나 기법이 아니라 현실에서는 결국 삶의 방식에 관한 문제이다. 일상의 관계 속에서 윗세대의 다양한 삶의 방식과 사고방식을 접할 수 있는 기회, 바로 그것을 바라는 것이 아닐까 한다. '높은 산'에서 바라보는 '프로(전문가)'보다 '낮은 언덕'에 있는 '세미 프로' 쪽이 아이들과 젊은이들이 바라는 모습인 것은 확실하다. 그러나 더 강력하게 요구되는 바는 평지에서 대등하게 마주 보는 자세를 가진 어른들일 것이다.

과거의 무지하고 공사다망했던 부모들은 아이들에게 "모르는 것은 학교 선생님에게 물어 봐"라고 말했다. 학교에 가지 않았던 부모에게 그것은 어쩔 수 없는 일이었다. 하지만 지금 지식과 시간의 여유를 갖게 된 부모들이 "괴로운 일이 생기면 마음의 전문가에게 의지해라" 하고 선뜻 말할 수 있는 것일까? 그렇다면 그것은 어쩔 수 없는 사정이 아니다. 이야기를 듣고 함께 생각하고 고민하는 일은 오랫동안 함께 생활해온 사람들이기 때문에 가능하다. 아이도 전문가라는 이름의 미지의 상대에게 상담하는 일이 자연스럽지는 않을 것이다. 학생들의 답변 중에 '상담하지 않겠다, 또는 하고 싶지 않다'의 카테고리에서 보이는 대부분의 기술에 그 내용이 적혀 있다. '공유하는 부분이 없는 사람에게 상담할 수 없다', '생활 속에서 신뢰하고 있는 사람이 아니라면 말하지 않겠다'와 같이 부모와 교사가 '전문가에게'라고 말할 때 그것은 아이와 함께 고민하는 것에서 도망치려는 구실밖에 되지 않는다.

실천 사례와 문제

단기요법으로의 편향

이어서 상담 실천보고 자료를 살펴보면서 더 깊이 생각해 보겠다.

2001년 현재, 학교에 학교상담사가 도입된 지 7년째이다. 이 사업은 1995년에 5년간의 연구위탁사업으로 시작되어 첫해에 154개 학교, 3억 7천만 엔의 예산으로 시작되었는데, 사업이 종료된 2000년도에는 2천2백50개 학교, 35억 엔으로 확장세를 보였다. 계속해서 2001년도부터 향후 5년간 전 중학교에 배치하는 계획이 추진되었다.

이와 같이 사업이 급성장하게 되면서 학교 내에서는 물론 교육행정과 사회 전체에서 '마음의 전문가'에 대한 주목도가 높아졌다. 그러한 가운데 아이들에게는 어떠한 실천이 행해지고 있을까? 또는 향후의 방향은 어떻게 예측될 것인가?

주변으로부터 주목도가 높아지면 '성과'를 올려야만 한다는 의식이 작용하는 것이 일반적이다. 특히 130년이라는 긴 역사 속에서 견고하게 완성된 학교 사회에 뒤늦게 들어온 학교 상담사는 기대와 적대감이 혼재되어 있는 복잡한 시선을 받을 수밖에 없다. 게다가 '혼자만의 직장'이다. 그렇기 때문에 눈에 보이는 성과를 바로 올리는 기법에 대한 관심이 아무래도 커지지 않을까? 누구나 자신의 처신과 외부의 평가에 무관심할 수는 없다. '시간의 흐름 속에서 충분히 생각한다'라는 본질보다도 '문제를 효율적으로 해소시켜주는 존재'라는 기대에 부응하는 기법을 개발하는 방향으로 흘러가게 된다.

마음의 전문가에 대한 타인의 입장에서 알기 쉬운 '성과'란 단적으로 말하면 '치료의 성공·문제의 해결'이다. 여기서 말하는 '성공과 해결'이란 무엇인가? 누구에게 성공과 해결인가 하는 커다란 문제가 존재하는데, 여기서는 전문가가 성공이나 해결이라고 생각하는 것으로 한정해두겠다. 물론 치료의 대상이 되는 본인의 입장이 가장 중요하다는 점은 말할 것도 없지만 여기서는 전문가의 문제성을 논하고 있기 때문이다.

현재 가장 많은 학교상담의 대상은 등교거부 아동이다. 따라서 현실에서 '성과'로 보이기 쉬운 표시는 '등교거부 아동이 학교로 복귀한 수치'일 것이다. 게다가 단기간에 복귀시킬 수 있다면 존재 의의를 한층 부각시킬 수 있다. 그래서 아무래도 눈에 보이는 '치료효과'를 추구하는 경향이 강해지는 것이 아닐까? 최근 이 영역에서 관심을 모으고 있는 다양한

'단기요법'을 놓고도 '아이의 치료'에 대한 근본적인 문제를 생각하게 된다.

이쯤에서 2001년에 간행된 '단기치료'에 의한 사례연구의 한 가지 예를 나름대로 요약, 소개하면서 효율화를 추구하는 현상을 보여주고, '마음의 치료'란 무엇인가에 대해 생각해보겠다. 단서가 되는 것은 구로사와 사치코黒沢幸子・모리 도시오森俊夫의 〈가정폭력을 수반한 등교거부 여학생의 '문제의 외재화' 접근방법 적용家庭内暴力を従った不登校女児への『問題外在化』アプローチの適用〉 사례보고 논문이다(《임상심리학》, 1권 2호). 대표 집필자는 학교상담사로 활약하며 이 영역에 영향력을 갖고 있는 존재라는 점도 문제 삼는 이유 중 하나이다. 우선 다음의 사례를 살펴보자.

여학생 A양이 학교에 가지 않게 되었다. 초등학교 3학년 외동딸이었다. 부모님과 같은 지역에 조부모님이 살고 계셨다. 등교거부의 직접적인 계기는 교실에서 담임이 마치 재판이라도 하듯 아이들 앞에 세워놓고 지도한 것 때문이었다. 선생님이 무섭고 학교가 무서워서 아이는 불안해했고, 아마도 학교로 되돌려 보내려고 했을 가족에게 짜증이 나서 난폭해졌다. 아이는 "나 같은 거 죽어버리는 게 나아"라며 우울해했다. 학교가 무섭지만 가족들은 가지 않는 것을 받아들여주지 않았다. 아이는 갈 수 없는데 궁지에 몰려 난폭해진 상태였을 것이다. 상담을 한 학교상담사는 다음과 같이 '치료'를 진행했다. 우선 엄마의 어려움을 위로하고, A양의 좋은 면을 평가한 뒤 다음과 같이 말했다.

"물론 폭력은 좋지 않지만 A양이 좋아서 그러는 것은 아니에요. 그 점을 받아들이는 것이 중요하다고 생각합니다. 본인은 그렇게 하려고 하는 것이 아닌데 어쩔 수 없이 폭력을 휘두를 때 '너는 그런 행동을 하는 아이'라고 받아들이면 A양 안의 '이상한 점'이나 '나쁜 것'을 드러내지 못하게 되어서 더욱더 '나쁜 것'이 날뛰게 되고 조절할 수 없게 됩니다. 이것은 비유적인 관점입니다만 A양의 책임이 아니라 '나쁜 것이 마음대로 A양 안으로 들어왔다'라고 생각하고 '너는 나쁘지 않고 난폭자인 짜증이 나쁘다'라고 받아들여야 합니다. 이렇게 의인화해서 아이 자신과 문제행동을 나눠서 인식하는 것이 중요하다고 생각합니다."

'당사자는 나쁘지 않고 당사자 안의 문제행동이 나쁘다'라고 행동을 인격에서 분리시켜서 인식하는 방법을 '외재화'라고 부른다. 나의 해석이지만 본인에게 불편하고 본의가 아닌 행동은 자기 자신 내부(안)에 있는 것이 아니라 외부에 있다. 그러면서 다른 사람 탓도 아닌 '악함을 행하는 해충 같은 것'으로 사람과 그 관계에서 뽑아낸다.

A양에게 카운슬러는 다음과 같이 말한다.

"고민이 있다고 느끼는 거지? 그건 짜증벌레가 들어오고, 고민벌레가 들어오는 느낌이고 … 사실 너는 안 왔으면 좋겠는데 갑자기 와버린 느낌이니?"

"네."

"역시 그렇구나. 초등학생에게 비교적 많단다. 균이라고 하니까 이상한데 … 광견병은 균이 들어와서 난폭해지는 개의 병이잖아? 인간의 광견병이라고 하면 이상하지만…."

"광…인…병?"

(생략)

"너를 왕따 당하게 만들고, 혼란스럽게 만들 거야. … 그런 나쁜 벌레 같고, 균 같기도 한 것이 들어오는 거란다. 그러니까 너는 이것에게 절대로 지면 안 돼."

카운슬러는 이렇게 A양에게 '싫어하는 벌레와 균 같은 것'을 상상하도록 해서 그것을 그림으로 그리게 했다. A양은 '고민균', '폭력균', '화내는 균'을 잇따라 그렸다. 그리고 카운슬러와 '균'에 대한 대화를 하면서 분노를 실어 붉은 색연필로 3개의 '균'을 칠했다. 카운슬러는 계속해서 '균'을 퇴치하려면 가족 모두의 힘이 필요하다고 하며 하나의 '의식'을 제안했다. 그것은 다음과 같다.

A양이 매일 3개의 균을 그리고, 매일 밤 가족들이 동그랗게 모여 앉아 중앙에 그 '균' 그림을 놓아두고는 "폭력균! A양한테서 나가버려!"라고 말하며 주먹을 쥐고 그림을 퍽하고 한 명씩 때린다. 마지막으로 그 3개의 균 그림을 불태우고 마당에 묻는다. A양은 신이 나서 균을 발로 격하게 짓밟는 시늉

을 했는데 카운슬러는 "그게 폭력균이 바라는 바야"라고 제지했고 '의식'은 엄숙하게 행하는 것이라고 말해주었다. 또한 A양을 안아주고 균으로부터 지키는 퍼포먼스를 엄마에게 보여주고는 끝으로 (용이 수정 구슬을 품고 있는) 부적을 건네며 "이것이 균으로부터 A양을 지켜줄 거야"라고 말했다.

그 뒤 카운슬러는 담임과도 연락을 취하면서 '외재화' 기법에 대해 대화를 나누었다. 담임은 처음에는 위화감을 분명하게 드러내며 "'균'을 포함한 '자신'이라는 자아 만들기를 어떤 방식으로 주변에서 지원할 것인지, 동급생 아이들과 균형을 어떻게 맞출지 등의 의문을 제시했으나 "고민과 행동을 외재화하고 대상화하는 과정에서 자아 만들기, 즉 통합이 행해진다. 문제를 자신에게서 배제시키기만 하는 도망 작업이 아니다"라는 치료자의 설명에 납득되었다고 한다. 또한 카운슬러는 양호교사를 포함해서 A양 주변 어른의 관계조정도 실시했다.

A양이 치료자를 처음 만났던 것이 6월 중순이었는데, 치료를 시작한 지 불과 1개월도 지나지 않은 7월에 학교로 돌아갔다. 무척 빠른 변화이다. 8월에는 치료자에게 A양에게서 '매일 즐겁게 생활하고 있습니다'라는 안부인사가 전해졌고, 1년 뒤의 문의조사에서도 긍정적으로 지내고 있다고 엄마는 보고했다. '완벽한 성공 예'에 대한 사례보고이다. 등교거부와 폭력이라는 행동만을 본인에게서 뽑아내고 가족, 학교 관계자에게서도 분리시킨다.

보고논문에는 'A양의 문제행동은 A양의 탓은 아니고 동시에 엄마, 아빠와 할머니, 담임의 탓도 아니다. 나쁜 것은 고민균·폭력균·화내는 균이다. 이런 구조는 주변 사람들의 협력체제를 형성, 강화시킨다. 문제를 은유적으로 취급함으로써 본인 및 관계자 전원이 문제를 가상의 적국으로 인식하고 취급할 수 있게 된다. 관계자 전원에게 있어서 적이라면 일치단결해서 어떻게 대응할지에 대해 대화할 수 있으며, 유효한 역할분담이 가능해진다'라고 기록되어 있다.

눈에 보이는 신속한 결과가 요구되는 사회풍조 속에서 이러한 '단기요법'이 앞으로 활개 칠 것으로 예측된다. 그것은 국가와 학교 관리자가 바라는 '등교거부 수를 줄이는' 과제에 부응해 성과를 올림으로써 카운슬러의 위치를 무사안일하게 만드는 것과도 결부될 것이다. 아이와 가족, 교직원과 학교도 고민하거나 생각하는 고생을 하지 않아도 되므로, 그 시점에서는 환영 받을 것이다. 마치 엑소시즘처럼 악령을 쫓아내주기 때문이다. 그러나 여기에는 인간 생활과 관계에 대한 기본적인 문제가 수없이 내포되어 있다. 그 비판적 견해를 뒤이어 서술하려 한다.

암시의 즉효성과 문제

첫 번째 문제는 등교거부라는 행동만을 나쁜 것으로 집어내고, 행동이 발생한 배경, 상황 게다가 개인 그 자체는 버리는 것이다. 심리치료・상담은 기본적으로 '문제'를 상황에서 떼어내어 개인에게 되돌려주는 사상과 기법으로 이루어져 있는데, 여기서 거론한 단기요법은 나아가 개인까지도 해체한다. 가까이 있는 사람들에게 불편한 행위는 예외 없이 그 사람들이 안고 있는 '문제 상황'을 암시하는데, 그것에 대한 관점은 완전히 제외했다. 따라서 '문제' 그 자체에 대해 생각하는 것에서 A양을 포함한 모든 사람들이 '해방'된다. 나쁜 것이 A양에게 들러붙은 것뿐이기 때문이다.

이런 종류의 관점과 기법은 과거의 민간요법 속에서 찾아낼 수 있다. 기쓰네쓰키(狐憑き, 여우에 홀려 걸린다는 정신병)를 떼내고, 악령을 퇴치하는 방법이 그것이다. 거기서 대상이 된 사람은 아마도 어떠한 상황 속에서 궁지에 몰려 예사롭지 않은 행동을 취한 것이었을 텐데 대다수는 종교적 역할을 가진 특정 인물의 의식을 통해 일상으로 되돌아간 것으로 되어 있다. 말해두지만 나는 이것을 경멸하는 것은 아니다. 그러한 의식은 동서를 막론하고 과거의 지역공동체의 전통 속에 분명히 있었다. 여기서는 양자의 메커니즘이 동일하다고 지적하는 것뿐이다. 단, 문제는 현대라는 시대에서 이 중세적인 기법이 편의적으로 쓰인다는 데 있다.

보고된 단기요법과 악령 퇴치의 공통점은 불편한 현상만을 없애버리려는 것이다. 그러나 문제를 일으키는 배경과 상황은 유지되고 있기 때문에 다시 어떤 곤란한 사태가 일어날지도 모른다. 그 경우 원리적으로는 특정한 '힘'을 가진 인물에게 다시 의존하고 암시를 받아야 한다. '문제'는 자신과 주변의 사람들과 관계가 없고 외부에서 덮쳐오는 것이라고 생각하기 때문이다.

여우 쫓기나 악령 퇴치의 암시법에 사람들이 의지하던 시대에 그것들은 분명 그 시대의 지혜였을 것이다. 그러나 그 시대에 개인이나 주체라는 사고방식은 사람들과 관계가 없었다. 반면 A양과 가족은 그런 시대를 살고 있지 않다. 시간을 들여 '문제'와 맞서 고민하고 생각하고, 주변과의 관계 속에서 행동하고 해답을 찾아야 한다. 가부장이라고 불리는 아버지가 딸의 인생을 결정했던 시대와 달리 지금의 사람들은 누구나 자신의 삶의 방식에 대하여 고민하며 살아간다. 그리고 한 사람에게서 일어난 일은 누구에게나 일어날 수 있다는 것도 알고 있다. 현대를 살아간다는 것은 그런 것이다. 그렇게 생각할 때 앞의 치료기법은 그 치료를 받는 입장에 있는 사람들의 인생에 대한 존중이 결여되어 있다. A양이 액막이 사상으로 살아갈 수 있는 곳에 있는 것이 아니고, 또한 치료자는 앞으로도 A양과 함께 생활하는 존재가 아니기 때문이다.

아이가 넘어져서 울 때 주변의 어른이 '엄마 손은 약손'이라는 주문을 쓰면서 달래는 경우가 있다. 이것과 비슷하지 않느냐는 의견이 있을 것이다. 하지만 근본적으로 다른 점은 주문을 외워서 아이를 울거나 웃게 하는 어른은 평상시 아이와 함께 생활하고 앞으로도 생활해가는 관계에 있다는 것이다. 그렇기 때문에 말 그 자체가 설령 주문이라고 할지라도, 그것이 갖는 의미는 아이에 대한 위로와 격려인 것이다. 단순히 '내가 여기 함께 있으니까 괜찮아'라고 전하고 있는 것이다. 그것은 일상을 함께하지 않는 전문가에 의한 '권위적 구도' 속의 주문이나 의식과는 질이 다르다.

현재의 사회풍조가 계속된다면 단기요법(Brief Psychotherapy, 간이 심리치료)은 앞으로 한층 고안해서 보급을 목표로 하지 않을까 예측한다. 그렇게 생각하는 데는 몇 가지 이유가 있다. 전문가 측의 이유는 이미 설명했는데, 치료를 받는 측에도 그것을 바라는 이유가 있다.

우선 시간의 단축화와 효율화를 요구하며 뒤따라오는 사회가 현실에 있다는 것, 또한 생활의 대부분을 타인에게 의존하는 소비사회가 더욱 진행하고 있다는 것, 게다가 삶의 방식을 재빠르게 지도·지시해주는 존재에 대한 욕구가 강해지고 있다는 것이다.

또 하나의 이유는 모든 일에 '자기결정'을 요구당하고 쫓기는 사태에 지쳤다고 느끼는 사람이 늘어나고 있는 것과 관계가 있을 것이다. 누군가가 정해주면 좋겠다, 의지하고 싶다, 이끌어주면 좋겠다는 갈망에 부응해서, 새로운 종교와도 같이 '마음의 전문가'가 등장하고 있다. 불편한 일을 전문가의 손을 통해 빠르게 제거하길 바라는 풍조는 그것을 도맡으려

하는 '마음의 전문가'가 원하는 것인지도 모른다. 그러한 사정을 배경으로 요즘 '단기요법' 전문서 발행도 잇따르고 있다.

그러나 전문가에 대한 의존이 우리가 안심할 수 있는 길이라고는 생각할 수 없다. '마음'과 '관계' 그 자체를 소비재로 여기는 상업적 행위에 의지하려 한다면 우리들은 더욱더 좁고 험한 길로 들어가게 될 것이다. 따라서 우연히 주변에서 인연을 맺은 사람들과 유대관계를 넓히고 돈독히 하고 노력과 시간을 들이며, '문제도 있어야 당연'한 매일 속에서 생각하고 모색하며, 지혜를 축적하는 길을 잃고 싶지 않은 것이다. 불편한 부분을 부품처럼 빼내고 교체하는 방법은 시간과 관계 속에서 살아가는 인간의 전체상을 좀먹고 혼란을 초래하는 것이다.

고민으로부터 회피

A양의 사례 보고에 관한 두 번째 문제는 등교거부=악함(균)이라는 단순한 도식에 대한 것이다. A양은 학교에 갈 수 없게 된 이유로 동요하며, 어쩌면 가족이 나무랄지도 모를 지경에 몰려 폭력을 휘두르고 불안정하게 되었다. 이러한 경험을 겪는 아이가 지금은 많이 있다. 이 장의 앞부분에서 서술한대로 문부과학성에서는 초등·중학교의 등교거부 학생 수가 13만 명을 넘는다고 발표했다. 저출산 현상으로 아이의 수는 줄어들어도 등교거부 수는 줄지 않는다. 이 사실은 현

재 사회와 학교의 나아갈 방향 그 자체에 대해 어른들이 진지하게 생각해봐야 할 큰 문제이다. 어느 누구도 피하거나 지나칠 수 없는 사태인 것이다. 등교거부 문제가 사회문제라는 것이 지금은 자명하다.

그 가운데 앞의 사례보고 논문에서 보이는 등교거부관은 등교거부=악의 도식을 의심하지 않을 뿐더러 한층 그것을 고조시키고 있다. 왜냐하면 등교거부는 나쁘다고 느껴서 괴로움에 난폭해지는 아이에게 '균이 붙었다'라는 비유를 사용하고 있기 때문이다. 학교화된 사회와 자신의 삶의 방식 사이에서 고민하며 싸우는 아이와 젊은이를 차별적 표현으로 단정 짓는 것이다. 설령 그것이 비유라고 하더라도 아이들이 친구를 '균'이라고 부르고 왕따 시키는 장면을 비난할 수 없게 된다.

또한 '고민균'이라는 비유는 고민하는 것에 대한 마이너스 이미지를 보여준다. 아이에게 있어서 고민하는 것은 중요한 일이다. 고민하는 사람이 있다면 주변에서 함께 생각하고 고민한다. 그것이 모두 함께 변화하는 길인 것이다.

이렇게 적으면서 부끄럽게 떠오르는 일이 있다. 남 말할 처지가 아니다. 예전에 나도 어느 중학교 남학생을 강제적인 힘으로 학교에 데려가는 방법을 그 학생의 아버지에게 조언한 적이 있다. 약 30여 년 전에 통칭 '강탈요법'이라고 하는 등교거부 아동의 치료법이 유행했을 무렵의 일이다. 등교하기 싫어하고 저항하는 아이를 어른이 완력을 사용하거나 부둥켜

안아서 차에 태우고 학교로 '납치'하는 것이다. 그렇게 하면 아이는 다음 날부터 태연하게 등교하게 된다. 그것은 아이가 어른의 폭력에 굴복했기 때문이라는 것은 말할 필요도 없다. 아이는 죽임을 당할지도 모른다는 공포를 느끼기 때문이다.

그러나 '치료'를 열심히 하는 전문가는 그런 당연한 시야를 놓친다. '학교 복귀'만을 바람직한 목적으로 여긴다. 나 자신도 예외는 아니었다. 그 소년은 매뉴얼대로 바로 학교에 복귀했다. 하지만 반년 정도 지나자 다시 학교에 가지 않는다고 들었다. 아마도 어른에 대한 깊은 원한과 절망을 품었을 것이다. 그 뒤 그 아이가 어떻게 지내고 있을지 괴로워했던 기억이 지금도 고스란히 남아 있다. 당시에는 많은 아이들이 '빨리 학교로 되돌려 보내는 것이 아이를 위하는 것'이라는 어른의 어리석은 생각 때문에 아니 어른 자신의 불안을 해소하기 위해서 이와 같은 피해를 입었다. 사과하려고 해도 사과할 수 없는 소행이다.

아닌 게 아니라 '강탈요법'은 얼마 지나지 않아 사라졌다. 앞에 게재한 치료의 예로 돌아가 보면 이토록 난폭한 '강탈요법'보다 앞에서 인용한 균 퇴치요법 쪽이 폭력을 사용하지 않는다는 것만으로 나은 방법이라고 생각할 수 있을지도 모른다. 하지만 나는 둘 다 같은 방법이라고 생각한다. 완전히 일방적인 조작이기 때문이다. 오히려 후자는 그 조작성이 영리한 기법에 숨겨져 있어서 보이지 않는 만큼 문제가 깊다고 생각한다. 그 이유는 다음과 같다. 직접적인 완력으로 강제하는 아픔은 어른의 신체에 남고, 자신의 소행으로부터 도망치거나 잊는 것을 어렵게 만든다. 한편 영리하게 전개하는 '전문적 기법' 쪽은 문자 그대로 여우에게 홀려버린 것 같은 부분이 있어서 마음이 편한 만큼 치료자도 부모도 그 행위의 문제성을 자각할 계기를 잃어버리는 것이다.

생각으로부터 후퇴

세 번째 문제는 '마음의 전문가'의 보급·확산은 사람이 사물에 대해 생각하는 습관을 확실히 쇠퇴시킨다는 것이다. 편안하게 생활하고자 하는 바람은 누구나 갖고 있다. 그러나 한편으로 그것이 바람에 그친다는 것을 누구라도 알고 있다. '편안하지 않은 어떤 일'은 반드시 일어나는 것이다. 그리고 해결을 강요당하는 문제·과제를 만나면 어쩔 수 없이 우리들은 생각한다. 해답을 찾아내려면 생각해야만 한다. 일상의 작은 과제도 있고 국가 전체에 관련된 큰 문제도 있다. 예를 들면 '이번 달 자금 융통을 어떻게 할까' 같은 것에서부터 '앞으로 테러리스트와 어떻게 맞서야 할 것인가'라는 것까지 다양하다.

필요에 내몰려 생각함으로써 우리들은 자신들의 생활의 발판, 즉 현실을 만들어간다. 살아가기 위한 힘을 갖게 된다고 바꿔 말해도 될 것이다. 다양한 과제·문제를 매일 생각하고 그것을 축적함으로써 사람은 '가시적인 방법'을 점차적으로 익히고 결국 자신감을 얻는다.

아이도 마찬가지다. 삶을 살아낸 시간이 짧고 체험이 적지만, 사물을 생각해야 하는 사정은 어른과 다름없다. 학교에서의 생활이 시작되면 아이도 고생을 겪는다. 교사에게 혼나는 일도 있고, 친구와의 말다툼도 있다. 일방적으로 악의적인 왕따를 당하는 일도 있을 것이다. 혼자서 고민하거나 친구와 부모에게 상담하거나 생각할 기회가 늘어간다. 그 안에서 살며시 감싸주는 친구, 걱정하며 마음 써주는 어른 등 호의를 가진 사람과도 만난다. 시간과 관계 속에서 이것저것 생각하고 모색하는 것으로 사람은 자신이 생활하는 일상의 세계와 더 넓은 세계를 인지하고 자신에 대해서도 알아간다. 생각하는 일은 생활의 토대를 구축하는 중요한 행위이다.

그러나 진행되는 소비·정보사회는 '그런 귀찮은 일은 생각하지 않아도 된다. 대신 팔아주고 알려주며 해결해주겠다'라는 메시지를 끊임없이 보내온다. 또한 '스스로 하려고 하지 마라. 의존하라. 구입하라'고 말한다. 금전·미디어정보, 전문가에 대한 의존이 장려된다. 물론 이 사태는 모든 영역에서 이미 진행되었고, 이제 시작된 것은 아니다. 그러나 자신의 생활에서 중심이 되는 부분, 즉 느끼고 생각하고 관계를 맺는 기본적인 생활의 부분은 얼마 전까지는 자기부담의 영역이었고 스스로 느낄 수 있는 것이었다. 상품화의 파도에 떠밀리고 있는 발밑에 조금이나마 남아 있는 마른 모래땅이 파도에 휩쓸려 사라진다. 또는 떠다닌다. 그 사태를 '마음의 전문가'가 강행하고 있다. 생각하는 것, 느끼는 것도 대신해준다. 거기에 몸을 맡기면 편하게 살아갈 수 있을 것 같지만 사실은 그렇게 되지 않는다. 아이와 젊은이는 더 심한 고난을 만나게 된다. 당연한 일일 것이다. 살아가는 중심을 잃어버렸기 때문이다.

어떻게 느껴야 하는지, 생각해야 하는지, 그 근거를 자신 안에서 찾아낼 수 없다는 초조함이 더 심각한 전문가 의존을 낳는다. 이 악순환을 멈추는 길은 진행하는 마음의 전문가 시스템화에 휩쓸리지 않고 일상 속에서 사람들과 대등한 관계의 영역을 넓혀 나가려는 데서 비로소 찾아낼 수 있다.

학교의 미래를 어떻게 개척할 것인가

'하는' 것에서 '존재하는' 것을 향하여

아이와 젊은이의 생활이 교육과 소비의 장치(속임수)에 침식되어온 모습을 사사키 켄佐々木賢은 다음과 같이 그림으로 나타냈다(p.163 참조).

사사키 켄이 제기한 것에서 사람과 사람 사이의 관계의 이상적인 모습에 대한 전망을 찾아내고자 한다.

일상 속의 대등한 관계를 사사키는 '상호 커뮤니케이션'이라고 부르고, 현대의 학교에서 일어나고 있는 문제의 핵심에 이 개념을 받아들여 아이와 젊은이를 둘러싼 문제를 풀어나가고 있다(〈학교의 패러다임 전환을 바라며-통제적 관계에서 공존으로学校のパラダイム転換を求めて-統制的関係から共居へ〉, 《사람과 사람 사이의 관계론 연구위원회 보고人と人との関係論研究委員会報告》).

커뮤니케이션 관계도(사사키 켄佐々木賢)

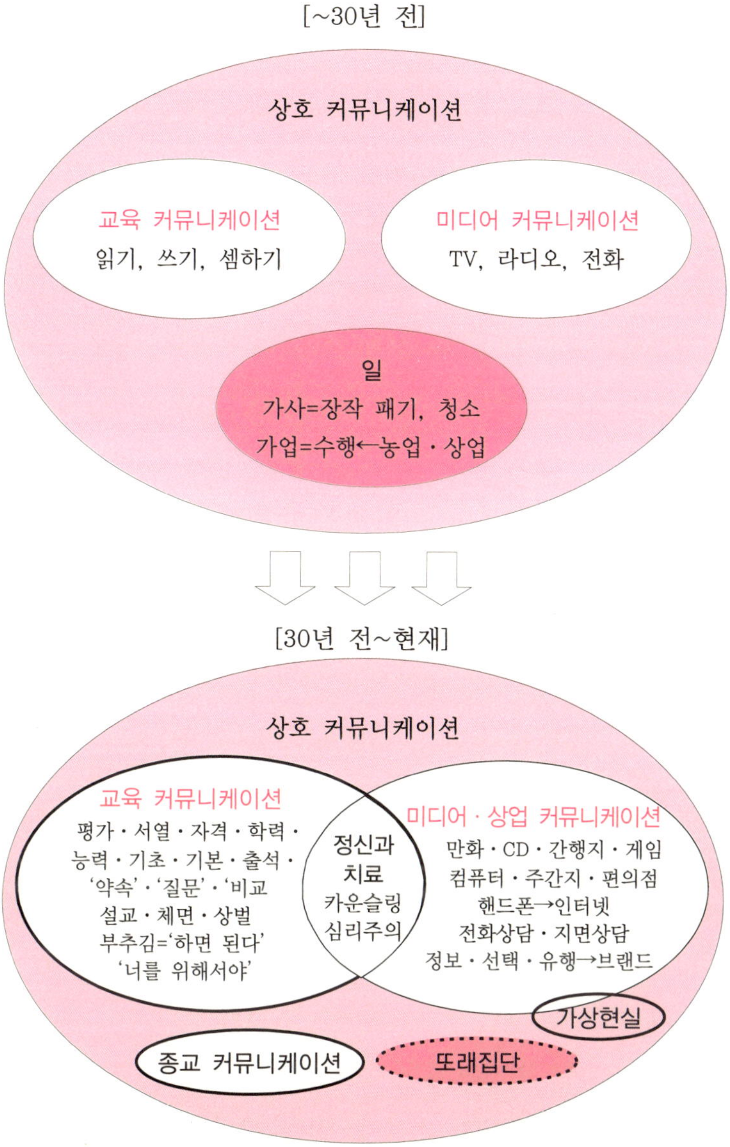

사사키는 상호 커뮤니케이션을 '대등한 입장에서 상호 간에 주고받는 관계'라고 정의한다. 1970년 무렵까지는 상호 커뮤니케이션이 일상 속에서 잘 이루어졌고 아이들에게도 할 일이 있어서 교육과 미디어 커뮤니케이션은 생활의 극히 일부였다. 그러나 지금은 교육과 미디어 커뮤니케이션이 비대해지면서 '밑바탕'인 상호 커뮤니케이션을 잠식하고 있다. 부모와 교사는 아이와 자주 대화를 하고 있다고 생각하고 있어도 아이는 그렇게 생각하지 않는다. "공부해라. 너를 위해서야" 같은 거만한 말투는 상호 커뮤니케이션이 아니다. 한 아버지가 "나는 매일 아침 아이와 15분씩 대화한다"라고 하는데 아들은 "우리 집에서는 매일 아침 15분씩 아빠의 훈계가 있다"라고 했다는 이야기를 예전에 들은 적이 있다. 아버지는 상호 커뮤니케이션을 할 의도였지만 아이에게는 교육 커뮤니케이션이 되었다. 쌍방 간에 어긋남이 발생한 것이다.

이 책의 주제인 상담과 정신과 치료는 어떨까? 사사키는 이것들을 교육과 미디어의 중복부분(교집합 부분)에 두고 있다. 발생한 문제에서 상황·사회배경을 분리시키고, 당사자의 마음속에서 원인을 찾아 마음의 상태를 변화시키려고 한다는 의미에서 교육적이기도 하며, 상업적인 측면도 있기 때문에 교육과 미디어·상업 커뮤니케이션에 걸쳐 있다.

현대 사회는 인간관계가 희박해지고 있는데 그것은 상호 커뮤니케이션이 교육과 미디어·상업 커뮤니케이션에 침식되어 있기 때문이다. 그림을 살펴보면 '바탕'보다 '도형'이 크다. 사사키는 이러한 구도를 인식해서 지금은 당연한 듯 받아들여지고 있는 교육·상업·미디어 커뮤니케이션의 확대를 비판적으로 재검토하고, 상호 커뮤니케이션을 부활시켜서 '바탕'과 '도형'의 관계를 다시금 반전시키고 싶다고 말한다.

더구나 이 '바탕'의 중심인 관계의 모습으로 '공존'이라는 개념을 제시한다. '공존'은 문자 그대로 함께 존재하는 것 그 자체와 여기서 자유자재로 발생하고 전개되는 관계를 소중히 여기는 자세이다. '도형'이 '하는 행위'라고 한다면 '바탕'은 '존재하는 사상'이라고 할 수 있다. '하는'이 급격하게 증식해서 '존재하는'을 잠식하고 있는 것이 현재 관계영역의 실정이며 우리의 답답함은 여기서 온다.

학교는 다양한 사람이 모이는 장소라는 사실을 되짚고 싶다. 그렇게 하지 않는 한 현재의 학교문제는 해결의 실마리를 찾아낼 수 없다. 지금의 학교는 '하는' 것에 휩싸여 아이들이 그 틈새를 빠져나가 '존재하는' 것을 찾아낼 가능성까지도 대부분 짓밟고 있다. 그 압박 속에서 아이들의 '문제'라는 것이 퍼지고 있다.

'하는' 것의 과잉이 만들어낸 문제에 '하는' 것의 축적으로 대응하려고 하는 것이 학교상담이다. 상담은 '하는' 관계인데 학교에서의 상호 커뮤니케이션을 해치는 행위로서 최근에 등장했다. 그러면 왜 가장 후발주자가 되었는가? 그 이유는 인간의 일상적인 관계는 안정감을 얻을 수 있는 중요한 조건으로 '존재하는' 것을 기반으로 하기 때문이다. 따라서 그곳은 최후의 보루였다. 지금 '하는' 것만으로 뒤덮인 생활은 답답하기만 하다.

하루하루 발생하는 작은 문제들, 상담과 지원을 '상호 커뮤니케이션' 작용으로 생각하는 것이 '바탕'을 확장하고 안정감을 되찾는 첫걸음이 된다. 필요한 일은 학교가 차별을 만들어내고 있는 구조를 공격함과 동시에 사람이 모이는 장소로서 학교에서 '하는'이 아닌 '존재하는'의 가치를 인식하고 여유로운 시간과 상호 관계를 되찾는 것이다.

제4장

마음의 케어를 묻다

재난과 마음의 지원

카운슬러 파견을 둘러싸고

'마음의 케어'가 사회에 확산되고 있다. 뭔가 이상하다. 한 신문보도에 대한 의문을 시작으로 이 장의 주제를 이야기하려고 한다.

2001년 2월 10일에 하와이 앞바다에서 우와지마宇和島 수산고등학교의 실습선 에히메마루えひめ丸가 급부상한 미국 해군의 원자력 잠수함과 충돌하여 침몰, 고등학생 4명을 포함한 9명이 행방불명이 되었다. 행방불명자의 가족과 관계자는 바로 현장으로 달려가 어려운 상황에 빠져 있는 수색활동을 지켜보았다. 사고로부터 10일 정도 지난 2월 21일 〈아사히신문〉에 머리기사로 다음과 같은 글이 실렸다.

"'마음의 지원' 영사관 거절-미국 측의 카운슬러 파견 제안 -에히메마루 행방불명자 가족의 피로는 극한에 달해."

미국에서는 이렇게 심각한 사태의 경우 피해자 가족들에 대한 마음의 지원이 활발하다. 이번에 미국 적십자에서는 재在 호놀룰루 일본 총영사관에 일본어를 할 수 있는 카운슬러를 가족에게 파견하면 어떻겠냐고 제안을 했다. 그러나 총영사관 측은 "필요한 상태가 아니다"라고 이 제안을 받아들이지 않았다는 것이다. 이보다 며칠 전인 16일에 현지에서 가족들의 기자회견이 있었다. 호놀룰루에 남아 있었던 인원은 여섯 가족 11명으로 미군 측의 사고 설명을 듣고 충돌현장을 방문했다. 신문기사에 따르면 가족은 "슬픔, 분노, 증오가 커져만 가는 극한의 상태이다. 스트레스와 피로로 도저히 뭐라 말할 수 있는 상태가 아니다"라고 말하며 불면, 초조 등의 증상을 호소하는 사람도 있었다. 또한 "사고 당시의 원자력 잠수함 함장은 직접적인 사죄도 없었고, 불신감은 커져갔다"라고 기사에 적혀 있었다. 당시 TV 뉴스화면에서 '원자력 잠수함 함장 및 미국 측에서 유가족에게 사죄가 없는' 것에 분노하는 가족들의 모습이 반복적으로 흘러나오는 것을 나도 보았다. 가족은 가해자 측의 대응 방식에 이중으로 상처받고 있었던 것이다.

미국 적십자 하와이 지부는 사고 직후 몇 번인가 일본 총영사관에 카운슬러 파견을 신청했지만 "필요한 상태가 아니다"라고 거절당하고 있었다. 가족 일행에게는 외무성에서 보낸 의무관이 동행하고 있었으며, 이 의무관은 과거 인도네시아·가루다 항공기 사고에서 피해자 지원을 담당한 경험이 있어서 "이런 경우에는 장기간에 걸친 마음의 케어가 필요하게 되는 일도 있다"라고 설명했다고 이 기사에 적혀 있었다.

이 내용으로 추측해보면 의무관은 미국 측의 카운슬러 파견을 받아들일 의향이 있었던 것이 아닐까? 거절한 것은 가족의 의향을 영사관이 짐작했기 때문이었다고 생각하는 것이 자연스럽다. 만약 가족이 카운슬러 파견을 희망할 것으로 예측했다면 이 신청은 당연히 실현되었을 것이기 때문이다. 여기에 카운슬러를 파견해서 상담을 받게 해주려는 측과 그것을 받는 측 사이에 발생하는 어긋남과 감정적 거리를 볼 수 있다.

내가 가족의 입장이었다면 어땠을까. 나라면 도대체 무슨 일이 일어난 것인지 그 사실을 조금이라도 정확하게 알고 싶었을 것이다. 그리고 상대방에게 최대한 자세하고 성실하게 설명하라고 요구했을 것이다. 또한 사죄하라고 했을 것이다. 그것이 피해자에 대한 최소한의 예의이며 당연히 취해야 하는 행동이다.

"카운슬러를 파견한다고요? 잠깐만요. 그 사람은 뭐 하러 오는 건가요? 내 분노를 가라앉히려고 오는 건가요? 됐습니다. 나는 계속해서 화내고 울 것입니다. 아들이 행방불명이 되어 돌아오지 않고 있잖아요. 당신 대신 함장을 오라고 하세요. 그게 도리이고 예의예요."

만약 내가 가족이었다면 나는 이렇게 말했을 것이다. 내 바람이 이상한 것일까? "그것은 도와주는 사람에 대한 분노의 전이라고 하는 심리적 반응이다"라고 카운슬러가 해석해버릴지도 모르지만 해석은 거절하겠다. 나는 다른 가족들과 함께 분노하고 한탄하며 앞으로의 일을 함께 의논할 것이다. 그것이 나를 지탱해줄 것이다. 일면식도 없는 카운슬러가 다정하게 찾아온다는 것의 황당함과 위화감은 말할 것도 없지 않을까?

그러나 이러한 생각이 전문가와 보도 담당자 측에서는 당연한 것이 아닌 듯하다. 앞의 기사를 담당한 기자의 시선도 가족 당사자가 아닌 전문가 측을 향해 있는 것처럼 보인다. "미국에서는 범죄와 사고가 발생했을 때 피해자와 가족들의 마음의 케어를 위해 전문가를 파견하는 것이 일반적이다"라고 적었다. 마치 그것이 올바른 일인 것처럼 말이다. 이번에 미국연방교통안전위원회NTSB는 연안경비대의 수색활동을 통해 발견된 표류물을 가족에게 공개할 때 미국 적십자에 요청해서 카운슬러 8명을 파견하여 대기하도록 했고, 호놀룰루 시내에 거주하는 일본어가 가능한 카운슬러에게 개인적인 지원 신청도 있었다고 한다.

이어서 미국 적십자 하와이 지부의 재난지원 부장의 말이 소개되어 있다.

"전문가가 제대로 관여해서 가족이 감정을 겉으로 표출할 수 있는 장소가 필요하다. 제삼자를 통해서 슬픔과 마주하는 것이 일본인에게는 익숙하지 않은 것일까?"

여기에는 일본인이 이러한 사태에 대한 인식이 부족하고, 대응이 뒤쳐지고 있다는 비판이 엿보인다.

이런 종류의 보도에는 관례적으로 전문가의 견해가 별도로 첨부되어 있다. 그것은 피해자 지원 도민센터의 지원상담실장 대리의 담화로 머리기사는 '발생 직후부터 지원이 중요'였다.

"미국에서는 30년 전부터 사건사고의 피해자에 대한 지원 활동이 시행되고 있는 것에 비해 일본은 이제 막 시작되었을 뿐이다. 총영사관은 그 필요성을 충분히 이해하지 못하고 있는 것은 아닐까? 이런 사고에서는 발생 직후부터 얼마나 좋은 지원을 받을 수 있는지가 중요하다. 정신과 의사와 카운슬러의 지원을 받으며 피해자들끼리 분노와 슬픔 같은 감정을 함께 이야기하는 일도 필요할 것이다. 행방불명자의 가족만이 아닌 구조된 피해자에 대한 정신적 지원이 제대로 실시되고 있는지도 걱정스럽다."

어느 틈에 올바른 피해자의 자세가 정해진 것일까? 여기에는 '최선을 다해 구조되어야 하는 자'와 '올바르게 구조를 계획하는 전문가'의 일반화된 도식이 있다. 이 도식이 일단 움직이기 시작하면 피해를 입은 측은 '상처받고 보살핌을 받아야 하는 무력한 자'라는 역할로, 돕는 측은 그것을 '지켜보고 바르게 이끄는' 역할로 각각 자신을 맞춰가고 있는 것은 아닐까? 그리고 분노와 슬픔이라는 감정을 능수능란하게 처리하는 것을 가장 중요한 작업으로 간주한다.

예정된 방법에 따라 혼란이 순차적으로 진정되고, 양자의 관계와 피해자의 위치는 어긋나게 된다. 여기에는 피해를 입었기 때문에 당연히 격하게 분노하는 피해자의 감정을 무난한 것으로 다스리고 달래고자 하는 의향과 그것을 위한 기법이 있다는 것을 감지할 수 있다. 물론 그것만은 아닐 것이다. 피해자가 받은 피해를 줄이려는 목적이 있다는 것을 부정하는 것은 아니다. 그러나 배후에 피해를 입고 분노하는 자연스러운 감정, 피해자의 분노의 감정을 두려워하는 책임자=권력의 입장을 느끼지 않을 수 없다. 새삼 피해자 관리라는 말이 떠오른다.

일본은 뒤쳐진 것인가

분노와 슬픔 등의 강한 감정을 다스리는 방법으로는 진정제 같은 약물주사가 있다. 이 방법은 눈으로 쉽게 볼 수 있고 주변과 본인이 이해하기 쉽다. 또한 본인과 주변의 동의 없이 행해진다면 문제가 된다. 사람의 분노와 슬픔은 정당한 것이기 때문이다.

약물주사와 '마음의 케어'를 담당하는 상담을 동일시하는 것이냐는 비판의 소리가 금방이라도 들릴 듯하다. 확실히 전자는 '야만'스럽고, 후자는 세련된 기법일 것이다. 그러나 격한 감정을 효과적으로 진정시키고 본인 자신과 주변을 혼란으로부터 보호한다는 점에서는 공통의 기능을 가지고 있다.

그리고 전자의 행위는 누구나 이해하기 쉽고 잘 보이지만, 후자의 행위는 전문성이라는 베일에 가려져 내용이 잘 보이지 않는다. 그리고 아무도 내용물을 확인하려고 하지 않는다. 전문가가 하는 일이라는 것만으로 신뢰받고 '마음의 케어'라는 부드러운 말만으로 당연히 좋은 것으로 환영받는다.

재난사고 보도의 예를 하나 더 들겠다. 에히메마루 사고로부터 정확하게 3개월 전인 2000년 11월 11일에 오스트리아 키츠스테인호른 스키장에서 발생한 케이블카 화재사고에 관한 것이다. 당시 희생자는 155명, 사고에 휩쓸려 사망한 일본인 손님은 10명, 그 속에 후쿠시마현福島縣 이나와시로마치猪苗代町의 중학생 5명이 포함되어 있었고 매스컴 보도가 잇따랐다.

이때 〈아사히신문〉 11월 22일자 '뉴스의 시점'이라는 칼럼에 '마음의 케어'가 언급되었다. 집필자는 〈아사히신문〉의 오스트리아 빈Wien 지국장이었고, 머리기사는 '일본인 유족에게 마음의 케어가 필요'였다. 여기에서도 앞에 서술한 에히메마루 기사와 마찬가지로 상담을 받아들일 수 없는 일본 대사관을 다음과 같이 비판했다.

"이번 사고에서 (오스트리아의) 지역 대책본부는 유가족들을 케어하기 위해 약 40명의 정신과 의사와 상담사 팀을 결성했다. 상담은 적십자와 군의 구조팀에게도 제공되었다. 희생자가 37명이 나온 독일에서는 다른 카운슬러들이 가족과 동행했다.

지방당국은 '일본인 가족에게도 통역을 두어 한 사람 한 사람에게 상담사를 제공하고 싶다'라고 여러 번 의사를 표명했다. 하지만 일본 대사관 당국자는 '일본의 문화는 그렇지 않다. 게다가 통역을 통해서 말을 한다면 오히려 마음이 진정되지 않을 것이다'라며 시종일관 소극적이었다. (생략) 급작스런 사고로 가족을 잃게 된 사람이 외상 후 스트레스 장애PTSD를 겪는 것은 국적이나 문화, 종교를 막론하고 매우 정상적인 반응이다. 해외에서 발생한 사고라면 현장으로 간 가족에게는 외국 문화와 접한 충격이 더해진다."

사실 비참한 사태이다. 또한 나는 여기서 일본 대사관의 의견인 '일본의 문화는 그렇지 않다'에 무조건 동조하려는 것도 아니다. 문제는 전문가에 의한 '마음의 케어'는 틀림없이 효과적일 거라는 기자의 전면적인 전문가 신앙이다. 그 신앙의 근거는 미국과 여러 유럽국가에서 보급하고 있고, 전문가가 주장하기 때문이라는 것 외에는 글의 내용에서는 알 수 없다. 하지만 지금까지 만난 적도 없는 외국인에게, 아무리 전문가라고 해도 마음 놓고 괴로움을 말하고 안심할 수 있을까?

나라면 어떨지 다시 생각해본다. 나라면 신뢰할 수 있는 가족, 형제, 친한 친구가 한 명이라도 있었으면 좋겠고 최대한 많이 함께 있어 주면 좋겠다. 그것이 가장 안심이 되고 든든하다. 일면식도 없는 전문가를 파견하기보다는 당사자의 입장에서 피해자가 함께 있고 싶어 하는 관계자를 각자에 맞게 파견하는 것이 좋지 않을까? 관리상에 여러 가지 어려움은 있을 수 있겠지만, 그래도 당사자에게 있어서는 평소 익숙한 사람의 호의야말로 큰 의미가 있다. 그것이 동서고금을 막론하고 사실이지 않을까?

'에히메마루' 가족의 이야기로 되돌아가 보자. 사고 당시 원자력 잠수함 함장을 가족이 있는 곳으로 보내지 않고 사죄도 표명하지 않는 미국 해군 당국에 대해 일본인 가족들은 분노하며 불신했다. 우연히 보게 된 TV 화면에서 한 아버지가 씁쓸하게 "미국이 우리 유가족들에게 취하고 있는 대응은 마치 우는 갓난아기를 벽장 안에 숨겨놓고 울음이 멈추기를 기다리는 듯한 방식이다"라고 말했다.

여기서는 일본과 미국의 사회배경 차이를 고려하지 않으면 안 될 것이다. '소송사회'라고도 불리는 미국에서는 사건이 발생한 경우 자발적으로 사죄하는 일은 좀처럼 드문 것 같다. 그 이유는 자신의 신상을 위태롭게 하는 사회배경이 있기 때문이다. 따라서 원자력 잠수함 함장의 가족에 대한 사죄는 늦어졌다. 한편 일본에서는 오히려 빨리 사죄하지 않는 것이 비난을 사고 자신의 신상을 위태롭게 한다. 이 문화관습의 차이가 알력을 키운 하나의 요인이었을 것이다. 그런데 그 상황과 어려움을 해결하는 지원이 아닌 '피해자들의 분노와 슬픔 같은 감정에 대해 함께 대화하기 위한 지원이 필요하다'라는 전문가와 매스컴의 무슨 안내서 같은 태도가 앞서고 있다. 여기에는 어긋남과 아울러 상위의 입장에 서서 당사자를 '구제'하려고 하는 교만함이 있다. 사태에서 감정만을 잘라내어 은근한 기법으로 처리하려 하고 있기 때문이다.

피해자의 마음이 자연스럽게 변화한다면 그것은 그 일에 관계하는 사람과 사람 사이의 직접적인 관계 때문이다. 또한 그래야만 한다. 당시 한 아버지는 "그때 증오라는 두꺼운 벽 속에 펑 하고 구멍이 뚫렸습니다"라고 말했다는 기사를 보았다. 그 장면은 사고를 일으킨 잠수함의 함장이 일정 시기가 지나 가족에게 정중하게 사죄했을 때였는데 그 아버지가 함장에게 "당신에게도 훌륭한 가족이 있습니다. 부디 가족을 소중히 하세요"라고 말하자 함장의 눈에서 닭똥 같은 눈물이 바닥으로 뚝뚝 떨어졌다고 한다.

또한 TV에서 본 남편이 행방불명이 된 한 여성은 사고로부터 반년도 더 지난 뒤에 에히메마루 인양 작업이 난항을 겪고 있는 모습을 지켜보며 “직접 자신들과 관계가 없는 사람들이 이렇게 어려운 인양 작업에 최선을 다해주고 있는 것이 느껴져서 가까스로 위안이 된다”라고 말했다.

게다가 이것은 다른 범죄피해자의 예인데, 2000년 5월에 사가현佐賀県에서 발생한 ‘버스 납치 사건’으로 모친을 잃은 아들이 TV에서 말했던 다음의 내용이 인상 깊게 남아 있다.

“만약 가해자인 소년이 집 앞으로 찾아와 사죄한다고 해도 나는 되돌려 보낼 것입니다. 하지만 그 아이가 몇 번이고 계속 집 앞으로 찾아온 것을 내쫓기를 반복한 끝에 내가 그 끈기에 져서 ‘이제 됐다’라고 현관문을 연다면 비로소 그 소년을 용서할 수 있을 것입니다. 부디 제가 소년을 용서할 수 있게 해주세요.”

이렇듯 상대의 행동이 상황과 직접적인 관계가 있어야 비로소 자연스럽게 마음의 타협이 시작된다. 이것은 시간이 걸릴 것이고 그럴 수밖에 없는 것이다. 그 자리에서 계속해서 자리를 지키며 지지해주는 것이 주변에 있는 사람들이 할 수 있는 일이며 책임이기도 하다. 그것이 전문가일 필요는 없고, 또한 ‘마음의 케어’라는 정체불명의 이름을 붙일 필요도 없는 것이다.

전문가는 물론이고 많은 매체들은 피해를 입은 사람들이

진정으로 원하는 것이 무엇인지 알려고도 하지 않는다. 특히 매스미디어는 지금 '마음의 시대'라는 유행에 사로잡혀 '마음의 전문가'를 선전하는 기관이 되었다.

'마음의 케어'라는 말이나 개념에 대해 나는 항상 위화감을 갖고 있었다. 그리고 이 말이 보급됨에 따라 발생하게 될 부자연스러운 사태와 동시에 잃어버리게 될 것들이 우려된다. 그 걱정의 내용을 더듬어가며 일본에서 이 개념의 역사와 실태를 검토하려고 한다.

죽음에 대한 임상과 마음의 케어

생물학적 생명에서 인간 생활로

시대를 거슬러 올라가면 '마음의 케어'라는 표현은 1980년대에 들어 터미널 케어(terminal care, 말기환자의 간호)와 함께 사용되었다. 1985년 5월 28일 〈아사히신문〉에 실린 기사를 살펴보자.

"1970년대부터 일본에서는 의료시설의 침대에서 죽는 사람이 급격하게 늘기 시작했다. 패전 직후에는 국민의 90% 이상이 자택에서 사망했는데 현재는 3분의 1 이하로 줄어들었다. 병원에서 사망하는 경우가 단연 많다. 대도시권에서는 약 70%가 병원에서 죽는 시대가 되었다."

당시 대형병원에 입원한 환자의 대다수는 죽을 때가 가까워지면 면회가 금지되고, 전신에 링거 주사를 맞고 호흡기에는 관을 꽂은 채 불안과 고독 속에서 이 세상을 떠나갔다. 의료 측의 관심은 오로지 생명을 구하는 것이었고 죽어가는 말기환자를 보살피는 것은 의료의 본질적 대상이 아니었다. 집으로 돌아가서 죽고 싶다는 환자의 희망이 이루어지는 일은 거의 없었다.

이러한 현실에 의문을 가지고 비판하는 스즈키 소이치鈴木壯一를 포함한 의사들은 1970년대 후반에 영국의 호스피스를 방문해서 말기 암 환자에 대한 인간적인 케어의 이론과 실제를 배웠다. 그러고 나서 스즈키는 귀국한 뒤 8년 동안 말기 환자 189명을 진료했는데, 자택에서 왕진 진료를 받고 의료 관계자와 가족이 힘을 합쳐서 간병한 환자는 그중 119명으로 72%에 달했다고 한다. '연명지상주의'라고 비판 받아온 대형 병원의 말기의료에 맞서서 개업의가 되어 개척한 '죽음을 지켜보는 의료'의 선구적 실천을 앞에서 말한 기사는 보도하고 있다. 이 안에 '마음의 케어'라는 표현이 있다.

그러나 여기서 스즈키는 장기별 검사와 치료, 구명에만 관심을 갖는 현 의료의 실태를 비판하고 있는 것이지 '마음의 케어'를 뽑아내서 그 필요성을 설명하고 있는 것은 아니다. '병을 진단하되 사람을 진단하지 말라'는 진부한 말이 있는데, 여기서는 '육체의 죽음'이 아닌 '인간의 죽음'을 생각하는 의료를 지향하고 있다는 것을 분명히 짚고 넘어갈 필요가 있다. '육체에서 마음으로'가 아닌 '부분으로서의 육체에서 전체로서의 인간으로'라는 목표가 정해져 있다는 것이다. 어찌됐든 여기서는 '마음의 케어'라는 말이 죽음의 임상을 둘러싼 문제의식과 함께 의료 분야에 처음으로 등장하고 있는 사실만을 봐두자.

이 기사에 따르면 '죽음에 대한 임상연구회'가 발족된 것은 1978년이다. 1980년대 중반이 되자 연구회 회원은 800명에 달했고, 기독교 계통의 호스피스가 오사카大阪와 하마마츠浜松에 생겼다고 보도되어 있기 때문에 이 주제에 대한 관심과 실천이 급속도로 확산된 것을 엿볼 수 있다. 현재 가정 호스피스 의사로 활발한 실천과 발언을 거듭하고 있는 나이토 이즈미内藤いづみ가 영국에서 호스피스 의료를 배우기 시작한 것도 1980년대 중반의 일이다. 나이토도 스즈키와 같은 물질에서 인간으로라는 자취를 따르고 있다. 나이토는 "병원에서는 생물학적 생명을 지키려 하고 있지만 본인은 자신만이 할 수 있는 인간 생활을 지키려고 한다"라고 말한다(나이토 이즈미 외, 《생명 곁에서いのちに寄り添って》). 여기에 '육체에서 마음으로'가 아닌 '육체에서 생활로'라고 된 표현에 주목해야 한다.

호스피스 케어는 이른바 사람의 생활을 보살피는 것이다. 나이토는 "의사로서 첫 번째 할 일은 고통을 없애주는 것이다. 그리고 환자의 하루하루를 유지하고 통제하는 것이다. 몸을 닦아주고, 머리를 감기고 말려주며, 엉덩이를 닦아주고, 옷을 갈아입는 것을 도와준다. 환자와 대화하고, 가족과 충분히 대화를 나눈다"라고 말했다(나이토 이즈미 외, 《호스피스 최후의 반짝임을 위해ホスピス 最期の輝きのために》).

사람의 마음은 항상 행위와 상황과 붙어 있다. 과일의 씨앗은 반드시 각각의 열매 속에 있고, 씨앗만이 독립해서 나무가 되지 않는 것처럼 마음만 독립되어 있지는 않다. 그렇기 때문에 케어를 '고통 완화, 신체 돌봄, 생활 보조, 대화'라고 전체적으로 파악한 나이토의 관점은 자연스럽고 알기 쉽다. 단지 케어라는 용어를 사용하지 않고 환자와의 관계, 교제라고 하는 편이 더욱 실태와 맞았겠지만 말이다.

나이토도 저서 속에서 누차 설명하고 있는 내용인데, 환자와 간호인의 관계는 일방적으로 케어를 해주고-받는 고정적인 관계가 아닌 상호 관계이다. 간호를 하는 사람이 환자에게서 받는 것도 분명히 있다. 케어라고 말해버리면 해준다-받는다는 관계만 떠올라 사실을 왜곡하고 보이지 않게 한다. '마음의 케어'가 되면 그 문제는 한층 커진다. 그것은 마음의 전문가라고 칭하는 사람들에게는 형편상 좋은 개념이겠지만 생활하는 인간이라는 사실에는 들어맞기 어려운 것이다.

혼미한 의료

1980년대에 죽음에 대한 임상영역에서 시작된 의료 실태에 대한 반성은 다름 아닌 의료 전체의 실태 문제를 지적하는 것이었다. '병은 진찰하고 사람은 진찰하지 않는' 의료가 어느 영역에서도 당연한 것처럼 실시되고 있었기 때문이다. '마음의 케어'에 대해 생각해보기 위해 그 당시 나의 소소한 의료 체험을 적어보겠다.

의료와 관련하여 가장 굴욕적인 기분을 맛본 기억은 임신해서 산부인과 진료를 받았을 때이다. 1960년대 후반의 일이었다. 종합병원 진찰대에는 주위를 가리는 커튼도 없었고 의료 스태프의 태도는 그야말로 '사람이 아닌 물건을 진찰하는' 것이었다. 병원에서 돌아오는 길에 씁쓸하고 비참한 마음을 안고 나는 생각했다. '여기서 나는 물건이 된다. 이 의료를 감수하는 것이 싫다. 물건이 아닌 사람으로 대해주는 곳을 어떻게든 찾아야겠다'라고. 지금이라면 조산부(산파)의 도움을 받는 자택 출산의 방법도 떠오르겠지만, 당시는 근대화와 과학신앙의 큰 파도가 사회를 삼키고 있던 시대로 그 발상은 나에게 거리가 먼 것이었다. 나 또한 근대 과학신앙에 흠뻑 잠식되었기 때문이다.

그러다가 찾아낸 곳이 기독교계의 작은 병원이었다. 그곳에 가서야 겨우 물건 취급에서 벗어난 기분이 들었고 나는 그 병원에서 출산을 했다. 다만 그곳에서도 또 다른 의문이 기다리고 있었는데 그것은 갓난아기에게 4시간에 한 번씩 기계적으로 수유하라는 것이었다. "정확히 4시간마다 우유를 주면 4시간마다 우는 시계와 같은 아기가 됩니다"라고 확신에 가득 찬 간호사의 목소리가 아직도 귓가에 남아 있다. 시계와 같은 아기라니…. 나 다음에는 아기가 물건으로 취급되는 상황이 기다리고 있었던 것이다. 무엇보다 불선화하려는 계획을 떨쳐내는 갓난아기의 씩씩한 생명력 덕분에 나는 아이와 어떻게든 살 수 있었다.

이것이 소소한 나의 의료체험이다. 그러나 이런 경험을 통해 임종 직전에 있는 사람들의 절망을 약간이나마 추측할 수 있다. 임종을 지키는 가족과 의료진의 의문도 공유할 수 있다. 다만 나는 장기의 집합으로서 물건을 연명시키는 의료를 가까이에서 접해볼 기회는 없었다. 왜냐하면 내 조부모님은 1950년대까지 당시의 풍습대로 집에서 가족들이 지켜보는 가운데 일생을 마치셨고, 아버지는 1990년대 말경 병원에서이긴 했지만 '고통을 없애고 연명하지 않는' 것에 가까운 의료·간호 속에서 평온하게 생을 마감하셨다. 그 무렵의 연명지상주의를 반성하는 흐름 속에는 의료현장도 있었던 것이다. 따라서 연명치료에 불타오르는 투쟁적 의료가 지배하고 있었을 무렵 죽음의 임상장면을 지키는 과정에 나는 없었다.

그 시기에 여러 개의 관에 연결된 채 생명을 마친 사람들과 가족의 의문의 깊이는 얼마나 깊었던 것일까? 그곳을 지키던 의료종사자들 안에서 앞에서 설명한 '죽음을 지켜보는 의료'가 반성적으로 모색되어온 것이다.

하지만 죽음을 지켜보는 의료는 사람을 물건처럼 보는 시대를 초월했던 것일까? 유감스럽게도 그렇게 간단하지 않다는 것을 알고 있다. 1990년대에는 또 다른 큰 문제가 우리들 앞에 나타났다. 격렬한 논의를 거쳐 1997년에 법제화된 뇌사·

장기이식 문제이다. 이 문제는 여기서 다루어야 할 본론이 아니므로 이야기하지는 않겠지만, 이것이야말로 생명을 물건으로 만들고 값을 매기며, 업적을 다투는 독선적 전문가의 연구욕과 강자의 생명 연장 욕구가 결부되어 등장한 너무나 문제가 많은 공격적 의료라고 생각한다.

다만 이번 장의 주제와 관련된 것으로는 여기에도 장기를 제공하는 자와 받는 자에 대한 '마음의 케어'가 있다는 것이다. 그것은 마치 장기이식을 원활하게 진행하고자 하는 지원 장치인 것처럼 보인다. 환자가 임종을 맞는 자리에서 구명과 연명cure에서 보살핌과 간호care로 전환하려는 의사들이 있는 반면, 타인의 장기를 이용하는 궁극의 구명, 연명의 의료가 진행되는 것이다. 의료의 모습이 더욱더 혼미해지는 가운데 '마음의 케어'라는 말이 불안정하게 떠다니고 있다.

한신 · 아와지 대지진에서 배운 것

'마음'이라는 이름의 장막

이미 서술한 내용인데 '마음의 케어'라는 말이 세상에 널리 알려진 것은 1995년 1월 17일 이른 아침에 발생한 한신阪神 · 아와지淡路 대지진 때였다. 희생자가 6천4백 명을 넘었다는 대참사 보도를 접하고 아무것도 할 수 없었던 나 자신이 문제를 논하는 데 망설임이 없었을 리 없다. 그러나 당시 퍼지고 있던 '마음의 케어'라는 말에는 처음부터 문제를 느끼고 있었다. 이 말이 피해를 받은 당사자의 생각과 바람을 일그러뜨리고, 어긋나게 할 것이라고 예감했기 때문이다.

대지진 뒤 5년쯤 지나 매스컴이 피해지역의 그 이후를 거의 다루지 않게 되었을 무렵, 《지진으로부터 5년, 다시 고베에서震災から五年, 再び神戸で》라는 소책자를 접할 기회가 있었다. 전 일본 자치단체 노동조합自治労이 2000년 6월에 발행한 것이다. 그 속에서 나가타長田 구청 직원인 시미즈 세이이치清水

誠一는 〈고베신문〉의 지진 5년 특집에는 '유대'나 '마음의 문제' 또는 '인화人和'라는 추상적인 말을 이용한 표제가 많다는 것을 들면서 이것은 사람들의 생활이 아직도 복구되지 않았다는 것을 역으로 보여주고 있는 것 같다고 서술하고 있다. 즉 복구와 관련된 문제를 추상적인 '마음에 관련된' 말이 은폐하고 있다는 지적일 것이다.

이 책자 속에서 효고현兵庫県 피해자 연락회 회장인 가와무라 소지로河村宗次郎는 지진 직후부터 5년 뒤까지의 이재민 구제·지원과 생활재건 지원의 문제점을 여러 가지로 지적하고 있다. 거기에는 '이재민에 대한 마음의 지원·케어'라는 말이나 개념의 문제점이 동시에 엿보인다.

가와무라는 우선 피난생활에서 혼숙을 행정기관에서 모르는 척 방치한 것은 용서할 수 없는 일이라고 했다. 피난생활을 다소라도 안전하게 할 수 있는 구조가 행정 처리에는 전혀 없었다는 것이다.

지진 후 바로 피해지역으로 들어가 상황을 세밀히 파악한 정신과의 노다 마사아키野田正彰도 이 문제를 다음과 같이 거론하고 있다.

"피난소에 온 사람들은 마음 편히 누워 있고 싶을 것이다. 음식을 섭취한 뒤 어둡고 조용하고 따뜻한 곳에서 쉬고 싶다. 매우 지쳤지만 흥분해서 진정되지 않는다. 그런데 피난소는 조명이 밝고, 걸어 다니는 사람의 발소리가 직접 머리맡에서 울린다."

노다는 수십 개의 피난소를 지진이 발생한 다음 날부터 며칠 동안 찾아다녔다.

"큰 체육관에 수용된 사람들보다는 작은 교실에 수용되어 있는 사람들이 비교적 안정되어 있었다. 작은 교실은 밤이 이슥해지면 조명을 끌 수도 있다. 걸어 다니는 사람도 적다. 무엇보다도 담요 아래에 다다미를 깔 수 있다면 따뜻할 뿐만 아니라 발소리의 진동도 적어진다. 식량 부족만을 강조하는 것은 불안한 상태에 있는 사람이 안심하고 쉬는 것이 어떤 것인지 전체적인 관점을 놓치게 만든다"(노다 마사아키, 《재난구조災害救援》).

이재민은 심신에 큰 부담을 주는 거주환경 속에서 한층 피폐해진다. 거기다가 구조대가 자꾸만 스피커로 불러대기 때문에 몹시 지쳐서 잠을 이루지 못하고, 점차적으로 수동적(소극적)인 이재민이 되어간다. 노다는 정보, 서비스를 적합하게 전달하는 태세를 갖추면서 최소 하루 1시간은 가족들끼리만 모여서 대화할 수 있는 작은 방을 만들 것을 제안했다(〈마이니치신문〉, 1995년 1월 30일자). 이재민의 위치에 시선을 맞춘 제안이다.

생활에 대한 배려를

재난이 일어난 뒤 일본임상심리사회의 오사카大阪·교토京都·

나라奈良 지부가 24시간 체제로 '마음의 케어' 전화상담을 시작했다. 이를 보도한 신문기사에는 "대참사에서는 참사 직후의 흥분상태가 진정되면 이재민은 심리적으로 안정되는 시기에 들어간다. 가족과 친구를 잃은 슬픔, 장래에 대한 불안과 피난소 생활에서의 불만, 피로, 불면 등으로 괴로워한다. '마음의 회복을 조금이라도 돕고 싶다"라는 관계자의 담화가 실려 있다(〈아사히신문〉 석간, 1995년 1월 23일자).

그러나 이재민의 불면과 피로, 불만은 어디에서 오는 것일까? 이재민을 특별 집단으로 구분하거나 그 정신상태를 마치 그 뒤의 상황과는 관계가 없는 것처럼 '충동기', '회복기' 등으로 분석·기술하는 전문가의 시선이야말로 재해를 당한 사람들을 더욱 궁지로 몰아가는 것이다. 단순하게 말해 내가 재해를 당했다면 어땠을까 하는 관점에서 대응을 강구해야 한다. 피해를 입은 사람들이 바라는 것은 앞에서 인용한 노다가 소망하는 피난소이다. 물론 그걸로 충분한 것은 아니겠지만 방향성이 중요하다. 더구나 가와무라가 말한 것처럼 안정되지 않는 혼숙생활에 장기간 방치된다고 하면 그가 "용서할 수 없다"라고 노여워하는 것은 당연하다.

'마음의 케어'는 부차적인 문제이다. 주의 깊고 신중하게 이재민의 생활을 돌보는 것이 중요하다. 그것을 건너뛴 채 불안정한 이재민의 '마음'을 케어한다는 선전은 배려가 없고 문제를 바꿔치기하는 것이며, 사람들을 '이재민'이 갖는 이미지와 역할에 억지로 끼워 넣는 것이다. 노다는 '마음의 케어' 유행이 매스컴에 의해 만들어지고 그것을 임상심리학 집단이 부채질하고 있으며 임상심리사 인정협회가 재난을 통해서 자신들의 사회적 인지도를 높이려 하고 있다고 통렬하게 비판한다(《사회임상잡지社会臨床雑誌》, 8권 2호).

가와무라는 그 뒤 건설된 임시주택에 대해서도 혹독하게 비판하고 있다.

"이재민 연락회는 주택을 원래의 생활권에서 최대한 가까운 곳에 건설해달라고 요구했다. 그러나 행정기관에서는 거들떠보지도 않았고, 대부분 살던 지역에서 멀고 불편한 곳에 건설했다. 게다가 건물 수는 터무니없이 적었다. 피난소의 유지 운영과 마찬가지로 임시주택도 회복을 도모하며 안심하고 다음을 향해 가기 위한 것이 아니었다. 1평짜리와 3평짜리 방 2개에 부엌과 화장실이 있는 2K형 임시주택에 6~7명의 가족이 생활하고, 방 하나에 화장실만 있는 1K형 임시주택에 어른 3명이 생활한다. 그 상황을 상상해보길 바란다. 몸과 마음을 쉬게 하고, 재기를 위한 시간을 보내는 데 적합한지를."

거주환경 하나를 들더라도 재난 직후부터 '마음'이 빠진 '케어'가 실시되었다고 이재민은 느끼고 있다. 물론 혹독한 사태에서의 일이다. 빈틈없는 대처가 불가능한 것은 당연하다. 다만 그 사태를 '마음의 케어'라는 미사어구와 상담이라는 임시방편의 행위로 희석시켜서 잊어서는 안 된다.

외상 후 스트레스 장애와 마음의 케어

2차 피해의 중대성

한신·아와지 대지진을 계기로 PTSD라는 말이 세상에 알려졌다. 'Post-Traumatic Stress Disorder'의 약자로 (심적인) 외상 후 스트레스 장애라고 번역된다. 전쟁, 자연재해, 교통사고, 폭력, 학대, 강간 등의 강렬한 피해 경험 또는 범죄 장면을 우연히 맞닥뜨린 경험 등을 계기로 일어나는 후유증상이다. 불면, 악몽, 플래시백(flashback, 외상 상황의 재경험), 우울 상태 등이 피해자를 괴롭힌다.

외상 후 스트레스 장애라는 진단명은 미국에서 1980년판 《정신질환 진단 및 통계편람 제3판 DSMⅢ》에 추가되었다. 처음에 외상 후 스트레스 장애 증상은 미국에서 베트남전 참전 군인들에게 나타남으로써 주목을 받았다. 참전 군인 중에는 상대를 근거리에서 살해한 체험이 떠오르는 플래시백에 시달리는 사람들이 있었고, 이 사람들의 회복을 돕기 위하여 많은 보훈병원Veteran's Hospital이 만들어졌다.

한편 같은 시기에 여성해방운동이 고조되면서 그 안에서 '강간 · 트라우마rape trauma'문제가 적극적으로 대두되었다. 피해를 입은 여성들은 공통된 정신증상으로 고통 받았던 것이다. 남성의 전쟁체험과 여성의 강간피해에서 공통적인 것은 증상을 형성하고 있는 사회상황이라는 인식이 커지면서 외상 후 스트레스 장애 개념이 등장하게 되었다. 일본에서 이 말은 미국의 정신과의 주디스 허먼Judith Lewis Herman의 저서 《트라우마와 회복*Trauma and recovery*》의 번역서가 1996년에 출판된 후 더욱 널리 알려졌다. 매스미디어의 영향으로 유행어가 될 정도였다. 당연히 거기에는 '마음의 상처'와 '마음의 케어'라는 말도 함께했다.

외상 후 스트레스 장애는 극도로 충격적인 장면을 맞닥뜨렸을 때 증상을 일으킨다고 한다. 보통 충격적인 체험을 겪은 뒤 '인간관계'에 문제가 생기고 그 문제가 증상을 강화시킬 것 같지만 사실은 그것에 대해서는 그다지 논의되지 않고 있는 것이다. 재난과 사고 그 자체가 증상을 일으킨다고 생각하는 사람이 대부분이다. 재난과 사고 그 자체의 충격을 부정하는 것은 아니지만, 거기서부터 2차적으로 파생하는 주변의 무시나 차별, 배신 등으로 인해 괴로워하고, 점차적으로 증상이 심각해지는 경우가 있다는 것을 간과해서는 안 된다. 주변 사람들의 대응과 관계의 상태를 제외하고 '발단이 되는 충격적 사건'만을 공론한다면 증상은 개인 속에 갇혀서 주변의 부적절한 대응은 문제 밖에서 매듭지어져 버릴 것이다. 그때 외상 후 스트레스 장애라는 진단명은 당사자 주변 사람들을 면죄하는 기능을 완수하게 된다. 여기서 의료를 통한 '마음의 케어'가 더해지면 당사자는 '불운한 사고를 만난 불쌍한 사람'으로 캡슐에 갇히듯이 되어 관계에서 분리되고 만다. 이것은 진단명이 초래한 격리이다.

내 친구인 한 여성에게 일어난 사건을 예로 들어 보겠다. 그녀는 회사에서 발생한 화재를 겪은 뒤에 큰 충격을 받고 외상 후 스트레스 장애 진단을 받았다. 배경은 다음과 같다.

어느 겨울밤 그녀는 회사에서 밤늦게까지 혼자 남아서 일을 했고 뒷정리를 하고 직장에서 나간 뒤에 그 건물에서 화재가 발생했다. 그녀가 집에 도착하자마자 직장에서 화재가 났다는 연락을 받고는 바로 회사로 달려갔다. 그러나 그녀의 직속 상사는 연락이 되지 않았고 그녀 혼자서 경찰서에 가서 조사를 받았다. 그리고 다음 날 아침 엉성한 현장검증 결과, 그녀가 잔업 중에 사용했던 난로의 불단속을 제대로 하지 않은 것이 화재의 원인이라고 일단 인정했다. 그 직장은 장애를 가진 사람들이 일하는 곳이었기 때문에 이곳을 이용하는 사람이 실수하여 불을 낸 것이라고 하면 시설의 존립에 지장이 있었기 때문이다.

직속 상사는 다음 날 아침에 시설에 도착했지만 현장검증에는 입회하지 않고, 그녀를 고립시켰으며, 그녀의 허술한 불 단속 때문이라는 사실을 묵인했다. 실제로 목격자의 증언과 건물의 연소상황으로 볼 때 방화의 가능성이 가장 높았지만, 상사는 그녀가 실수로 불을 낸 것이라는 잘못된 인정을 묵묵히 수용했고 그녀를 구제할 방법을 강구하지 않았다.

이렇게 그녀는 점차 실화失火 책임자로 추궁 당하게 되었다. 그녀는 화재 상황에서 경찰과 소방관의 조사 실태에도 깊은 충격을 받았지만 오랫동안 함께 일한 친밀한 상사와 관리자들이 그녀를 지켜주지 않고 고립시킨 것에 큰 상처를 입었다. 그들은 아마도 시설책임자로 지탄받을 것이 두려워서 자기방어를 우선시했을 것이다. 그 사건에 대한 커다란 분노와 실망 때문에 그녀는 극심한 외상 후 스트레스 장애 증상에 휩싸여 오랜 기간에 걸쳐 무척이나 고생했다. 현재 그녀는 그 고통과 싸우며 자신의 명예회복을 걸고 소송 중에 있다.

마지막으로 직장에서 나간 뒤에 불이 났고, 연락을 듣고 바로 달려가서 불타는 장면을 가까이에서 본 충격 때문에 그녀가 외상 후 스트레스 장애 증상을 겪는다고 주변의 많은 사람들이 생각했을지도 모른다. 또한 그렇게 생각하는 것이 관계자에게는 편했을지도 모른다. 그렇게 하면 사태를 자신의 문제로 대하지 않고 '마음의 병' 탓으로 돌릴 수 있다.

사실 외상 후 스트레스 장애 진단 기준에는 '충격적인 사건에 직면해서 사건에 대한 공포감・무력감・전율을 나타낸다. 그 심적 외상이 된 사건을 지속적으로 체험하게 된다'와 같은 내용이 정의되어 있다. 여기에서 말하는 사건, 사고란 화재, 재난, 죽음, 대형사고, 큰 부상 등의 체험 자체만 있고 그 일을 겪은 사람에 대한 주변의 대응은 없다.

그러나 이러한 대형사건이 벌어지면 주변 사람들은 피해 당사자에게 다양한 반응을 보인다. 호의도 있지만 그것만은 아니다. 귀찮은 일에 관계되고 싶지 않다며 무시하거나 불이익을 당한 상대를 차별하고 상처를 줘서 이제까지의 인간관계를 상실하게 되는 일도 있다. 그런 경우 사건의 충격과 더불어 거기서 파생하는 2차적인 상처와 사람에 대한 불신으로 인한 정신적 타격이 피해 당사자를 더욱 더 고통스럽게 하는 것은 아닐까? 사실 그녀가 화재가 일어난 며칠 뒤에 자택에서 큰 발작을 일으키고 쓰러졌을 때 했던 말은 "(상사인) K씨가 무서워. 꼴도 보기 싫어. K씨는 나를 지켜주지 않았어"였다. 만약 부하이자 동료로서 관계자들에게 보호받았다면 설사 화재를 겪었다고 하더라도 그녀는 외상 후 스트레스 장애 증상으로 이렇게까지 고통스러워하지 않았을 것이다.

덧붙인다면 최종적으로 이 화재의 원인은 소방서의 재조사에 의해 '방화 의혹'이 인정되었다.

당사자의 생각과 동요

그녀가 그 뒤에 온힘을 다해 싸운 일에 대해 조금 더 기록해보겠다. 그녀는 외상 후 스트레스 장애 전문의의 상담을 받는 한편 자신을 궁지에 몰아넣은 고용주 측과 싸웠다. 그러던 중에 일본 사회임상학회가 주최한 학습회 '외상 후 스트레스 장애를 어떻게 생각하는가'에 참석했고 그 뒤에 감상문을 학회지에 보냈다.

그녀는 '외상 후 스트레스 장애'와 '트라우마'라는 말의 확산에 위화감을 느끼면서도 한편으로 상담의 의의를 인정하는 그 사이에서 동요하며 이렇게 적었다.

"상담은 내 체험을 중요하게 들어주며 상대의 반응에 과민하게 긴장하지 않고 말해도 되는 안전한 분위기였습니다. 저는 안정감을 진심으로 원했습니다. 그 사건에 대해 말하려고 하면 긴장되고, 떨리고, 두렵고, 무서워서 친구나 가족, 주변 사람들에게는 최대한 간추려서 부분적으로만 전달했습니다. 하물며 화재 현장 담당자인 직장동료들에게는 제 감정을 조절할 자신이 없었습니다. 저는 외상 후 스트레스 장애라는 개념을 제 형편에 맞춰 회복을 위한 길잡이로 이용했다고 할 수 있을지도 모릅니다. 또한 외상 후 스트레스 장애라는 진단명을 타인에게 알리고 설명하기 시작하는 것으로 내가 경험한 상태를 상대에게 전달하는 실마리로 사용한 경우도 있습니다. 거기에는 기분이 좋지 않다거나 몸 상태가 좋지 않다와 같은 막연한 형태가 아닌 심각함을 전달할 수 있지 않을까 하는 기대가 있었는지도 모릅니다."

그녀는 외상 후 스트레스 장애라는 진단명과 상담이 사실상 도움이 되었다고 말하면서도 그것이 문제의 본질을 은폐하는 작용을 갖는 가능성에도 생각이 미치게 되었다.

"저는 주디스 허먼의 책을 읽으면서 그동안 관계 맺어온 종군위안부 피해자의 얼굴을 떠올렸습니다. 그녀들은 충분히 외상 후 스트레스 장애의 사례로 적합합니다. 자신들의 체험을 50년 동안이나 말할 수 없었던 것이 더욱 그녀들을 가혹한 상황으로 몰아넣었다고 생각합니다. 그러나 한국에 50년 빠르게 미국의 정신의료가 들어가 그녀들에게 치료적 접근을

했다면 그걸로 괜찮았을까요? 그렇지 않습니다. 그녀들의 일부는 자신들의 체험을 말하기 시작했고, '일본 정부에 의한 사죄와 국가적 보상을 청구한다'라는 사회운동에 나서고 있습니다. 변화하는 일본과 한국 사이에 한 사람 한 사람의 인간이 있습니다. 그것을 트라우마라는 관점으로만 본다면 사태의 본질이 누락되고, 보이지 않게 되는 구조에 빠지기 쉽다고 생각합니다'(〈학습회에서 생각한 것-외상 후 스트레스 장애(PTSD)를 경험한 입장에서学習会で考えたこと-PTSDを体験した立場から〉, 《사회임상잡지社会臨床雑誌》, 6권 1호).

심적 외상이 아닌 사건

외상 후 스트레스 장애의 개념을 밝힌 주디스 허먼은 종래의 개인 환원적인 치료의 틀 안에 머무르지 않고, 그 증상을 일으킨 사회적인 문맥을 고려하는 입장이다. 그 범위에서는 고전적인 정신과 치료 개념과 다른 관점을 갖고 있는 것이 분명하다. 그러나 충격이 큰 경험을 '심적 외상=트라우마'로 인식하고 그것을 반드시 치료해야 한다는 입장에 있다는 점에서는 종래의 정신의료관을 벗어나지 못했다. 오히려 외상 후 스트레스 장애 개념이 등장함으로써 더 성가신 상황이 일어나고 있는 것은 아닐까?

첫 번째 문제는 누구나 고민과 갈등을 안고 살아간다는 관용적인 견해를 잃어버리고, 그것들을 부정적인 요인이라고 인식하는 기계적인 견해가 퍼지고 있다는 데 있다. 물론 재난과 사고, 가까운 사람의 뜻밖의 죽음은 비극적이다. 그러나 그러한 상황에서 비로소 사람이 지켜준다는 의미를 깨닫는 경우도 많다. 내 부모님은 일찍이 화재로 집을 잃었는데 이웃 사람들이 옷과 음식을 가지고 와서 최선을 다해 정리를 도와주었던 것이 마음속 깊이 남았다고 한다. 상실과 은혜, 불운과 새로운 만남이 거듭되어 '상처'는 긍정과 부정이 서로 어우러진 사건으로 변모해간다. 또한 시간 속에서 통합되어 가는 것도 많다.

앞의 외상 후 스트레스 장애 학습회에서 발표자 중 한 명이었던 오노 미쓰히코大野光彦는 제2차 세계대전 당시 6명의 형제 가운데 4명을 잃었다. 그는 이렇게 말했다.

"그 경험은 나에게는 확실한 '트라우마'라고 할 수 있을 것이다. 그러나 다행스럽게도 마음의 케어를 합리화한 전문성에 발을 들여놓지 않고 스스로 살아올 수 있었다. 마음의 케어는 사람을 일방적으로 절개할 구실을 주는 것은 아닐까?"

오노가 '다행스럽게도'라고 말하는 것은 젊어진 불운을 '마음의 병'이라는 이름으로 취급하지 않고, 인생에 일어난 잊을 수 없는 고통스러운 사건으로 스스로 받아들이며 살아올 수 있었다는 의미일 것이다.

두 번째의 문제는 세분화된 진단명을 준비한 전문가 측과 그것을 소비하는 이용자 측의 관계가 나타나면서 스스로 살아간다는 것의 의미가 옅어지는 현상이 발생하는 것이다. 같은 학습회에서 정신병원에서 일하는 산켄 도시지三軒寿二는 최근 들어 진단명에서 자신의 정체성을 만들고자 하는 이용자가 늘고 있는 것 같다고 말했다. 상황을 곰곰이 스스로 생각하기보다는 뭐든 트라우마라고 단정 짓고, 그 진단명을 사려는 일종의 소비 행위처럼 느껴진다고 했다.

확실히 "나는 '어른아이'였다는 것을 알게 되었습니다"라든가 "아이는 ADHD(Attention Deficit Hyperactivity Disorder, 주의력 결핍 과잉행동장애)였습니다"라는 표현을 종종 접하게 되는 요즘이다. '나는 나, 아이는 누가 뭐라고 해도 이 아이'라는 사고방식은 약해지고 자신과 아이의 존재가 절반은 의료의 소유가 되어 '살아짐을 당하는' 존재가 된다. 또한 진단명 간의 비교가 차별을 조장한다. '외상 후 스트레스 장애이고, 정신병은 아니다(다행이다)', '학습장애아인 것이지 정신지체는 아닌 것이다(다행스럽게도)'처럼 말이다. 여기서 정신병과 정신지체에 대한 차별이 한층 강력하게 고정된다.

외상 후 스트레스 장애 개념은 사람이 큰 충격을 입었을 때, 정신이 어떠한 상태로 변화하고, 어떠한 고통을 초래하는 것인지를 명확히 했다. 그들의 경험에서 나온 지식을 모두가 공유하는 것 자체는 중요하다. 다만 그것을 라벨화하고 치료이론과 연계시켜서 전문가가 떠맡는 것에는 문제가 있다. 체험과 앎의 관계성, 즉 생활이 일상의 삶에서 치료해야 할 소재로 따로 분리되어 사람은 타인에게서 위로받아야 하는 수동적인 존재로 전락되기 때문이다.

고령사회와 마음의 케어

노인 돌봄은 집안일

'마음의 케어'는 고령자 세계에도 퍼져 있다.

장기요양보험long-term care insurance이 2000년 4월에 발족했다. 고령자에 관한 주제에 '케어ケア'라는 가타카나가 항상 따라붙게 된 것은 그보다 1~2년 전 무렵부터이다. 90세를 넘은 노인과 오랫동안 가까이에서 살아온 나는 노인 돌봄이라는 말이 마음에 걸렸다. 나라면 절대 사용하고 싶지 않은 말이다. 보살펴주는 사람과 보살핌을 받는 사람이라는 일방적인 관계로 단정 지어 생활과 의식이 제도에 묶일 것이 분명하므로 그것만은 좀 하지 말아줬으면 했고, 생활이 재미없게 되어 버릴 것이라고 생각했다. 더군다나 '마음의 케어'라고 하면 더욱 위화감이 든다.

노인과 가까이에서 생활하는 것은 특별한 일은 아니지만 구태여 말하자면 집안일이 늘어나는 것이다. 하지만 늘어나는 집안일을 누군가 한 명이 떠맡거나 한 명에게 억지로 떠맡겨서는 안 된다. 집안일은 한 사람의 몫이 아니기 때문이다. 거듭 말하자면 가족끼리만 떠맡지 말라는 것이다. 가족끼리만 살아가는 것은 아니니까 말이다. 근처의 이웃, 지인, 친구들에게 부탁할 수 있는 관계가 되었으면 좋겠다. 그것은 어린아이와 생활할 때도 마찬가지이다. 장애를 가진 사람과 생활할 때도 마찬가지일 것이다. '간병' 하물며 '케어'라는 특별한 말이 인간관계를 방해하고 있다. 때로는 '육아'조차도 그렇다. 올바른 가족과 올바른 부모라는 형식이 그곳에 숨어들어 관계를 옭아맨다. 노인과 생활하고, 어린아이와도 생활한다. 여러 명이 여러 가지 상황을 떠안고 함께 생활한다. 그뿐이다.

집안일이나 배려는 어떤 생활에나 당연히 따라 다니는 것이며 더군다나 관계라는 것은 일방적인 것이 아니다. 아이는 노력과 시간이 드는 살아 있는 존재이지만, 어른을 웃게 하고 즐겁게 한다. 노인도 마찬가지이다. 인간이 늙어서 변화해가는 모습을 모른척해서 어쩌자는 것인가? 치매라는 것도, 함께 생활하다보면 어떤 것인지 자연스럽게 알 수 있게 된다. 변화와 관련해 의미를 찾을 수 있다. 현재의 자신과 연결해볼 수 있다. 그래서 사람의 일생은 재미있다.

겉치레 말을 할 생각은 없지만 늙음을 너무 특별한 것처럼 꾸미고 있는 것은 아닐까 싶다. 그것은 정상적인 청년기·장년기를 인간의 완성형이라고 보는 근대 발달관의 산물이다. 사람은 모두 각자 지금까지 살아왔듯이 늙어갈 뿐으로 그 이상도 그 이하도 아니다. 밝은 노인이 있다면 무엇이든 걱정하는 노인도 있다. 온화한 할아버지도 있고 엄격한 할머니도 있다. 각양각색이다. 언젠가 "귀여운 노인이 되고 싶다"라는 말을 들은 적이 있는데 그것은 여성이 "귀여운 여자가 되고 싶어"라고 말하는 것과 마찬가지로 차별적인 인간관계가 있다는 사실을 보여주고 있다. 다양한 사람이 있는데 그 사람들이 공교롭게도 나이를 먹고 있는 것이다.

나이가 들어 혼자서 할 수 없는 일이 늘어나는 점도 누구에게나 공통되지만 이것 또한 공교롭게도 이제까지는 이따금 혼자서 할 수 있었던 것이다. 혼자 할 수 있다는 것이 다른 사람과 연계되지 않기 때문에 좋은 일인 것만은 아니다. 아이나 노인, 장애를 가진 사람은 혼자서 할 수 없는 만큼 사람을 연결하는 힘이 있다. "해줘!" 또는 "부탁 좀 할게", "차마 못 보겠어"라고 하는 일이 일어나기 때문이다.

부탁하고 부탁받는 일이 줄어드는 세상에서 모두 흩어져 있어서 쓸쓸하다는 이야기를 듣는데, 내 주변을 새삼 다시 보면 부탁하고 부탁받는 관계의 실마리는 많이 있다. 대지진 당시에 자원봉사를 지원하는 젊은이들이 많았다. 트집을 잡을 생각은 아니지만 솔직히 말하면 '그 사람들의 일상생활에서 부탁하고 부탁받는 관계는 어떨까?'라는 생각이 든다. 그들은 조부모와 이웃의 노인, 장애를 가진 사람들에게는 어떻게 할까? 일상의 관계는 성가시다며 회피하거나 또는 관심을 두지 않으면서 먼 곳에서 발생한 재난에는 달려가 자원봉사를 한다면 불안정한 생활과 고독감은 변하지 않을 것이다.

'케어'라든가 '노인 돌봄'과 같이 행정과 전문가의 편의를 위해 사용하는 말에 휩쓸리고 싶지는 않다. 노인과 아이에 대해서는 그때 그 상황에 맞게 부탁 받은 일이나 그냥 두고 볼 수 없는 일을 거들어 준다. 하지만 모두 바쁜 일이 많으니 본인도 상황에 맞게 노력하게 한다. 청결과 효율, 고정관념에 지나치게 사로잡혀 있다면 해나갈 수 없다. 고정관념에 사로잡혀 있는 한 세상이 일반적으로 기대하는 '보살펴주는 사람-보살핌을 받는 사람'이라는 일방적인 관계로 끌려가버릴 수밖에 없다. 그렇게 되면 '보살핌을 받는 사람'은 왠지 모르게 무력감과 고립감을 갖게 되어서 이번에는 '마음의 케어'를 해야 한다는 어색하고 기묘한 이야기가 시작된다. 첫 단추를 잘못 끼웠기 때문이다.

'관계'는 제도에 융합하지 않는다

'간병'도 '육아'도 집안일 가운데 하나이다. 그 단순한 원칙을 기초로 단단히 하고 싶다. 그렇게 하면 여자도 남자도 아이도 노인도 각각 할 수 있는 일을 분담하고, 서로 협력하는 관계를 향한 길이 열릴 것이다. 조바심이 나고 충돌하거나 때로는 진절머리가 나지만 아이가 웃게 해주거나 느긋한 노인이 잠시 안심하게 해줄 때가 있기도 해서 피차일반이다. '도움을 주다-도움을 받다'의 고정된 관계를 조금이라도 이완시킬 필요가 있다.

이런 내게 누군가 '제도의 문제를 어떻게 생각하고 있는가?'라는 질문을 할 것 같다. 제도는 말하자면 생활을 콘크리트로 포장하는 것과 같다. 모두에게 공통된 걷기 쉬운 공공도로를 필요없다고는 말할 수 없다. 포장도로가 공평하게 널리 보급될 수 있도록 행정에서도 신경 쓰고 있다. 그리고 '더 좋은 포장'을 제창하는 각양각색의 목소리와 노력은 어디에나 있다. 제도와 관계없이 살아갈 수는 없다.

그러나 잊지 말아야 할 것이 있다. 콘크리트 포장은 생명체와 궁합이 맞지 않는다. 잡초도 자랄 수 없고, 벌레도 갇혀버린다. 하지만 자연은 만만치 않기 때문에 콘크리트의 갈라진 틈에서 민들레가 간신히 얼굴을 내밀어 꽃을 피우곤 한다. 그런데 그것은 제도의 불완전, 관리의 낙후로 간주된다. 그리고 더욱 세심하고 완벽하게 포장되면 잡초도 사라진다. 그리고 결국 "뭔가 이상해, 답답해"라고 말하는 사람들이 나타난다.

학교제도 하나만 들더라도 '제도의 충실'은 관리 강화와 제도 의존을 진행시켰다. 그런데 아이는 굴하지 않고 그 생명력으로 콘크리트 포장에 끊임없이 균열을 만들고 있다. 등교거부, 왕따, 학급붕괴 등이 그렇다.[1] 그것들의 균열을 포장하고자 새롭게 준비된 제도 중의 하나가 학교상담이라는 것은 이미 설명했다. 그것은 시행기간을 거쳐 현재 제도화를 향해 가고 있다. 그러나 제도 과잉에서 탄생한 문제를 제도의 덧칠로 해결할 수는 없다. '사람과 사람 사이의 관계'는 살아 있는 것(생명체)으로 제도와는 어울리지 않는다. 완전하게 포장하려는 사상을 의심하고, 제도와 관리의 구속을 완화시키려는 관점이야말로 필요하다.

고령자 세계에도 같은 일이 일어나려 하고 있다. 노인장기요양보험(nursing-care insurance system, 간병보험제도)이 시작되었는데, 그것은 사람들의 관계 속에서 수습되지 않고 흔들리는 모양새이다. 제도는 생활 속에서 벌어지는 우발적인 사건과 변화하는 사람의 기분과 변덕스러운 사정 등에 대응할 수 없다. 가뭄으로 메마른 화분을 계속 걱정하고 있던 노인이 요양보호사에게 물을 주도록 부탁했는데 그것은 제도상 업무범위가 아니라고 거절했다는 이야기를 들었다. 물론 요양보호사가 심술궂은 사람이라는 식으로 단순하게 말할 수는 없다. 요양보호사에게도 제도상의 제약과 시간에 쫓기는 사정이 있는 것이다. 여기서 서로의 관계가 흔들리게 된다. 제도가 인간의 생활에 융합되기 어려운 실정이란 이런 것이다.

그런데도 앞으로는 '더 좋은 제도'를 추구하면서 사태는 일

1) 학급붕괴는 학생들에 대한 교사의 통제력 상실을 말한다.-옮긴이.

부 개선될 것이다. 그러나 어떠한 '더 좋은 제도'라고 해도 그것이 제도에 있는 한 그 그물의 구멍은 끊임없이 커질 수밖에 없는 것이 인간관계라는 것이다. 관계를 제도로 제압하는 것은 불가능하다. '더 좋은 제도'의 한계이다.

사람과 사람 사이의 관계성에 '케어'라는 것이 있다면 그것은 상대가 안심할 수 있게 해주는 것이라고 말했던 사람이 있다. 단, 진정한 안심이란 일상에서 서로 의논하며 합의하는 것이다. 예를 들면 어린이집에 아이를 맡긴 부모가 아이를 늦게 데리러 가더라도 "괜찮습니다"라고 말해줌으로써 아이를 안심하고 맡길 수 있게 하는 것이다. 여기서 나와야 할 것은 '마음의 케어'가 아니라 안심할 수 있도록 제도를 유연하게 운용할 수 있는 인간관계와 공동행위이다. 예를 들면 그것은 제도를 빠져나간 강한 지혜와 튼튼한 관계이다.

고령자 '케어'를 둘러싼 문제는 이미 설명한 재난과 사건 등에 대한 '케어' 문제와 같다. 제도에 융합하기 어려운 생명체인 '사람과 사람 사이의 관계'는 생활의 부속물이 아닌 본체이다. 생활을 꾸려나가는 데는 걱정과 배려도 자연스레 포함되어 있다. 도움을 주는 쪽-도움을 받는 쪽이라는 빈약함을 배제하고, 근심을 공유하는 일상적인 차원의 관계 속에서 '마음의 케어'라는 말을 되돌려 보내고 싶다.

범죄 피해자와 마음의 케어

심리주의의 개입

커다란 역경에 처한 사람에 대한 '마음의 케어' 정비는 급속하게 진행되고 있다. 후생노동성(우리나라의 보건복지부)은 1998년에 '외상 후 스트레스 관련 장애 증상과 치료 가이드라인'에 관한 위탁 연구반을 설치했다. 그 업무는 3년에 걸쳐서 정리되었고, 2001년에 《심적 트라우마의 이해와 케어心的トラウマの理解とケア》로 출판되었다. 또한 이 무렵에 중점적으로 다루어진 범죄 피해에 관해서는 2001년 4월, 범죄피해자등급부금지급법 개정안이 시행되었다. 경시청이 범죄와 유족에 대한 지원의 충실을 목표로 검토해온 것이다. 국가가 보상을 떠맡는 범죄피해 급부제도의 확충과 더불어 민간 지원단체에 대해 경찰이 피해자에 관한 정보를 알려줄 수 있는 구조가 포함되어 있다.

2001년 7월에 오사카大阪교육대 부속 이케다池田 초등학교에서는 아동살해사건이 발생했다. 앞에 서술한 '케어 체제'가 대기하는 가운데 전문가로 이루어진 심리적 지원팀mental support team이 즉각 활동을 개시했다. 사건이 벌어진 지 3일 뒤에는 교사와 '마음의 전문가'가 짝을 지어 모든 학생들의 가정을 6일 동안 방문했다. 그 모습이 TV 등에서 반복적으로 보도되었다. 그 보도를 접하면서 '이 세상도 진보했구나. 안심하고 생활할 수 있겠다'라고 생각한 사람이 많았을까. 아니면 '전문가가 바로 문제를 떠맡는 구도는 뭔가 잘못된 게 아닐까?'라고 느낀 사람도 있었을까. 나는 후자 쪽에서 의문을 가지고 있었다. 비극에 휩쓸린 사람들에게는 뭐라 할 말이 없지만 감히 의문을 좇아가보겠다.

많은 사람들이 그 참사가 자신과 주변에서 일어났더라면 어떻게 했을까 생각했을 것이다. 또는 아이들에게 이 사건에 대해 어떻게 이야기하면 좋을까를 생각했을 것이다. 그때 '최근에는 상담사가 아이에게 접근하는 법을 지도해주기 때문에 안심이 된다'라는 목소리가 높아진다면 부모라는 존재는 무엇인가? 평온한 일상에서는 설사 희미한 존재라고 하더라도 아이에게 무슨 일이 일어났을 때에는 부모가 가장 먼저 나선다. 보통 때에는 바쁘고 소원하던 부모들이라고 하더라도 만사를 제쳐놓고서라도 나설 것이다. 모여서 함께 대화하고 서로 협력해야만 비로소 아이는 안심한다. 일상생활을 함께하는 교사가 아이를 걱정해서 방문하는 것은 극히 자연스럽더라도, 알지 못하는 '마음의 전문가'가 지도자인 척 등장하는 구조는 무엇일까?

그것을 다케다 히데오武田秀夫는 개인으로 발행한 미니커뮤니케이션mini communication인 《수요일水曜日》에 이렇게 적고 있다.

"부모는 '괜찮아. 아빠랑 엄마가 함께 있어'라고 말하며 아이를 안아주면 된다. 그리고 사람들 속에서 살아가다보면 생각지도 못했던 일이 일어나는 것이라고 차분하게 한 번 더 각오를 다지고 너무 허둥대지 않는 편이 좋다. 이것을 기회라는 듯이 떠들어대며 대책을 강구하려고 하는 측은 충분히 경계하는 것이 좋다"(2001년 6월 27일).

다케다는 이 기회를 놓치지 않고 등장한 심신 장애인에 대한 '보안처분' 체제와 심리주의적으로 차단하는 것에 경종을 울리며 이 한 문장을 기록한 것이다. 나도 그때 같은 생각을 하고 있었다. 부모는 아이를 안아주고, 함께 잔다. 하지만 살다보면 생각지도 못했던 일이 일어난다. 한편으로 가족을 잃은 사람들의 슬픔을 생각하며 함께 이야기한다. 가족이 같이 있을 수 있다는 것을 다시금 귀중하게 생각한다. 부모 자식이 그것을 함께 이야기하지 않는다면 언제 함께 이야기할 것인가? 부모들끼리는 그때 이어지지 않는다면 언제 이어지게 될 것인가? 이럴 때 아이에 대한 접근법을 가르치고 배우는 '전문가'와 부모와의 권위-의존관계가 만들어진다면 부모와 아이 사이에는 소중한 관계가 사라진다. 중요한 것은 부모가 아이를 걱정하며 사랑하고, 아이가 부모에게 마음을 편히 가지며 신뢰하는 소박한 관계이다.

깊어지는 부모의 불안

원래 피해자 지원 담당자의 생각과 방법은 여러 가지가 있었다고 알고 있다. '마음의 지원'이라는 말에 구애되지 않고, 단지 소박하게 인간적으로 배려하려고 한 지원자들도 있었던 것 같다. 범죄피해자를 돕는 일에 그동안 경시청이 힘을 쏟은 과정이 있어서 이케다 초등학교 사건에 대해서는 오사카부 경찰이 발생 당일에 피해자 지원 전담반을 설치했다. 전담을 맡은 노자와 세이코野沢征子는 신문 취재에 답하며 "무엇을 어떻게 해야 좋을지 알 수 없었던 당혹함 속에서 '케어를 강요하지 말고 자연스럽게 요구할 때를 기다리자'라는 자세를 철저히 지켰다"라고 말했다(〈마이니치신문〉, 2001년 9월 24일자).

피해자를 부추기지 않고 언제라도 요구에 응할 수 있도록 피해자 가족에게 휴대전화 번호를 알려주고 심야까지 대기하며, 장례식 때는 묵묵히 방 정리를 했다고 한다.

만약 아무것도 요구하지 않는다면 '대기하는 것' 이외에 눈에 보이는 일은 전혀 없을지도 모른다. 그렇지만 그런 자세에서는 경솔하게 '마음의 케어'라는 이름으로 드나드는 것이 미안하다는 합당한 사고방식을 엿볼 수 있다.

노자와는 아마도 틀림없이 '마음의 케어'가 주제 넘는 일이라고 자각하고 있었을 것이다. 그러나 이러한 투철한 준비와 겸허한 방법이 실제로 취해질 수 있는 것은 이 전담반이 본래는 경찰이기 때문에 자기들의 의무는 다른 곳에 있다는 마음의 여유가 있었기 때문은 아닐까? 하지만 '마음의 케어'를 본분으로 하는 '마음의 전문가'의 입장은 그럴 수 없다. 자신의 정체성을 확보하고 확인하려는 마음이 더해져 피해자의 내면에 열심히 드나드는 것을 피할 수 없을 것이다. 그것은 위기에 개입하는 역할의식 때문이며, 전문가의 까다로운 분업체제가 초래하는 필연이다.

그 자세는 '마음의 전문가'에 대한 가이드라인에도 나타나 있다. 앞에 언급한 후생노동성의 위탁 연구반은 정신의학과 임상심리학의 전문가팀으로 구성되어 있는데 여기서 출판한 《심적 트라우마의 이해와 케어》 자연재해 항목의 '구조대의 마음가짐'에는 다음과 같이 설명하고 있다.

"재난 후의 정신보건적 지원은 피해자 본인들이 정신보건 서비스를 희망할 때를 기다린다면 초기의 지원은 효과적으로 실시할 수 없다. '이름표 붙이기'의 위험성을 생각하면서도 자진해서 피해자가 있는 장소로 가서 현장의 요구를 파악할 필요가 있다."

현장으로 달려가는 행위는 아웃리치Outreach라고 불리며 그 중요성이 강조되고 있다. 앞서 당사자의 요구를 기다리며 겸

허하게 준비하고 있는 것이 '마음의 전문가'에게는 어려울 것이라고 서술한 까닭이다. '마음의 전문가'는 구조상 마음에 출입하는 전문가이기 때문이다. 거기에는 '본인은 스스로 자신의 일을 알지 못한다. 우리들 전문가의 판단이 필요하다'라는 억측이 발생한다.

이 책의 '아이의 트라우마' 장에는 '트라우마를 통찰하다'라는 항목이 있으며, 다음과 같이 설명되어 있다.

"아이를 회복시키기 위하여 우선 필요한 것은 트라우마를 알아내는 일이다. 뭔가 이상한 점을 파악하려면 아이가 보여주는 행동과 표정을 살펴야 한다. 이를 위해서 신중하고 세심하게 관찰해야만 한다."

단, 그것이 전문가의 일이라고 적혀 있는 것은 아니다. 이러한 관찰능력은 아이와 관계하는 모든 어른이 갖춰야 한다고 설명한다.

그러나 '아이의 트라우마 체크리스트'를 한 손에 들고 부모가 아이의 트라우마를 알아내려고 할 리가 없다. 그것은 부모 자식의 관계에서 더욱 문제가 되는 행위일 것이다. 해당 전문가 측도 그것을 추천할 까닭이 없다. 그렇기 때문에 '알아내는' 작업은 전문가의 일이라는 전제가 있음이 분명하다. 평상시 아이의 모습을 알고 있는 부모와 주변의 어른은 '보통 때보다 활기가 없다', '평상시보다 안색이 나쁘다'와 같이 소박하게 인식하고 걱정한다. 그것이 가장 중요한 것이지만 그것은 '비전문가의 얕은 꾀'가 되어버릴 것 같다. '아이는 밝고 활기차며 적응하기 쉽다는 것은 잘못된 신화이다', '초기에는 활기차게 보이더라도 안심할 수 없다. 반년, 1년 후에 부적응을 겪을 수 있다'와 같은 앞에서 말한 책의 기재내용은 부모의 불안을 쓸데없이 고조시킨다.

'마음'에 대해 과잉 출입을 자중해야 한다는 지적도 볼 수 있다. 예를 들면 '상담을 강요해서는 안 된다. 말을 하지 않는 것도 하나의 선택이다' 등이 그렇다. 그러나 그것이 일반화되는 일은 없을 것이다. '마음의 전문가'가 상담을 통해 '마음의 케어'를 하기 위해서 파견되고 있는 것은 자타가 공인하는 사실이며, 상대방이 말하는 것을 좋은 일이라고 여기기 때문이다. 이 책에서는 '원칙적으로는 말을 듣는 것이 좋다. 잘 듣는 것이 마음의 케어의 첫걸음이며, 또한 최종 목표이다'라고 말하고 있다.

'마음의 전문가'가 '마음'에 출입하지 않는 것은 어렵다. 그것은 자연치료를 중시하는 의사와 무모하게 가르치지 않는 교사의 존재가 본래 바람직하지만 실제로는 어렵다는 것과 같은 맥락이다. '전문성'이 자격과 함께 등장한다는 것은 다시 말하면 그런 것이다. 몸과 학습이 자신의 것이 아니라 전문가에게 의존하게 되는 것처럼 '마음', 여기에서는 삶의 방식도 같은 길을 가고 있는 것이다.

전문가 대상의 서적뿐만 아니라 일반 독자를 대상으로 하는 저서에도 '아이의 트라우마'에 대한 기술은 늘어나고 있다. 예를 들면 '마음의 케어' 문제를 다룬 전문가의 저서에는 다음과 같은 대목이 있다.

"아이가 피해를 입은 뒤의 정서·행동 면에서의 반응은 자칫하면 놓치게 되는 경우가 있다. 언뜻 활기차게 버티고 있다고 생각되지만 보이지 않는 슬픔과 존재하지 않는 슬픔을 구별해서 생각해야 합니다"(후지모리 가즈에藤森 和美 외, 《마음의 케어와 재난심리학心のケアと災害心理学》).

그것을 구분하는 것은 전문가의 역할이 될 것이다.

아이가 잘 지내고 있더라도 안심은 못할 것 같다는 불안이 부모와 주변의 어른에게 생기고, 거기에 '아이의 마음'에 대한 전문가 의존이 확산될 것이 진심으로 우려된다. 필요할 때에 가능한 일을 도와주기 위해 기다리는 지원의 본질이 사라지고, 피해자에게 전문가가 리더십을 발휘하는 일이 당연한 것이 되면 '마음의 케어'라는 미명하에 피해자의 생활이 전문가에게 맡겨지는 것이다.

제5장

일상의 회복을 향하여

체념의 만연

‘마음’에 대한 서비스의 진행

상담이 사회 구석구석까지 급속하게 퍼지고 있는 가운데 아이 세대에도 상담에 대한 의존이 스며들고 있는 듯하다. 한 신문투고란에서 그 예를 살펴보자. 초등학교 6학년인 노조미 양의 투고로 제목은 ‘마음의 상처를 메워줄 시설을’이다. 투고는 다음과 같이 시작한다.

“어제 저희 아빠가 갑자기 돌아가셨습니다. 과로 때문이었습니다. 쉬는 날에도 회사에 가서 저와 놀아줄 여유가 없었습니다. 부모님이 갑자기 돌아가시면 아이는 매우 깊은 상처를 입습니다.”

노조미 양의 아버지는 출장에서 돌아와 싱글벙글 웃으며 선물을 건네준 3일 뒤에 돌연사 했다. 그 뒤 자신은 엉망진창이 되었고, 마음은 불안정하고 무기력해졌다는 모습을 기록하고 마지막에 이렇게 적고 있다.

"저는 엄마가 상담을 추천해준 덕분에 무너지지 않을 수 있었습니다. 하지만 상담을 받을 수 없는 아이는 어떻게 될까요? 만약 그 아이가 무너져 버린다면요? 여러분, 제 의견을 들어주세요. 세계적으로 전쟁과 테러가 발생해서 부모를 잃는 아이가 늘고 있습니다. 깊은 상처를 입은 아이를 도와주세요. 부모를 잃은 아이의 상처를 메워줄 시설을 만들어 주세요"(〈아사히신문〉, 2001년 10월 8일자).

피해에 대한 체념과 이미 생겨버린 상처는 지진이 발생했을 때와 마찬가지로 전문가와 행정의 '서비스'에 의해 치료받아야 한다는 기대가 이 투고의 전제이다. 어른 사회가 만들어낸 발상의 한 형태이다. 그러나 '과로사'는 인재人災이며 전쟁도 그렇다. 우선 발생시켜서는 안 된다. '상처를 메워줄 시설을'로 시작하는 이 소녀와 같은 수용법은 예전에는 드물었다. 부친을 잃은 분노가 '과도하게 일을 시키지 마라. 전쟁을 일으키지 마라'와 같은 상처의 원인을 향한 주장이 되는 일이 많았기 때문이다.

물론 이미 잃어버린 생명은 되찾을 수 없기 때문에 마음에 받은 상처를 치유해주길 바라는 것은 당연하며 그 주장이 현실적이라는 의견이 있을 것이다. 단지 인재로 인한 불행에 대한 관점이 전반적으로 지금까지와는 달라진 것이 아닐까 싶다. 아이는 사회 풍조를 민감하게 받아들이고 호흡한다. 아이의 변화는 어른의 변화를 반영하고 있다. 원인이 무엇이든 '마음의 상처'는 (전문가가) 메워줘야 하는 것이고, 그렇게 하는 것이 중요하다는 뜻이다.

얼마 후 노조미 양의 이 투고에 답하는 또 하나의 의견이 같은 투고란에 게재되었다. 이번에는 스물여덟 살 주부였다. 그녀의 남편은 영업 일을 하고 있는데 쉬지 못하는 날이 많다. 언젠가 남편이 노조미 양의 아버지처럼 되어버리는 것은 아닐까? 딸은 이제 두 살로 아빠를 무척 좋아하고 항상 아빠가 퇴근하기를 기다린다. 하다못해 일주일에 하루는 쉬게 해주면 좋겠다. 이렇게 쓴 뒤에 다음과 같이 끝을 맺었다.

"다양한 직장에서 많은 사람들이 무리하게 근무하고 있다고 생각합니다. 한편으로는 일이 없는 사람도 많이 있습니다. 모두 정시까지만 일하면서 많은 사람들이 일할 수는 없을까요?(〈아사히신문〉, 2001년 10월 25일자).

이 투고에서는 과중한 노동의 문제에 초점이 맞춰져 있어서 노조미 양이 희망한 마음의 상처의 치유 문제는 언급되고 있지 않다. 노조미 양이 보지 못했던 문제를 지적하는 형태의 투고이다. 투고자의 의도가 있었는지 여부는 알 수 없다. 다만 '과로사'는 인재이며 사회적인 문제라는 시점을 보완하고 있다. 아이 세대를 향한 중요한 지적일 것이다. 즉, 유감스럽지만 일어나버린 일의 배경을 봐야 하고, 그것과 마주해야 하고, 앞으로 주변 어른과 자기 자신에게 똑같은 일이 일어나지 않으려면 어떤 활동을 해야 될지를 생각해야 한다.

또 하나 노조미 양의 투고에서 마음에 걸리는 것은 그녀의 주변 사람들은 어떻게 했는가이다. 남의 불행은 남의 일, 마침 상담을 받고 있었기 때문에 안심하고 먼발치에서 바라보기만 한 것은 아닐까? 문외한이 섣불리 위로한답시고 오히려 상처를 주는 것은 아닐까 하고, 겁이 나서 피하거나 하지는 않았을까? 노조미 양의 투고를 예로 들 것도 없이 '상처받은 사람은 전문가에게'라는 풍조가 당연한 듯이 번지고 있는 세태가 염려된다. 상담의 보급이 사람과 사람 사이의 연대를 약화시키고 자신들에게 일어나는 문제에 대해 직접 생각하는 자세를 가로챈다. '개인'에 대한 서비스에 의존하는 풍조가 점점 번지고 있는 것이다.

'마음의 케어'의 탈정치 작용

문제의 본질에 관심을 갖지 않고 '상처 치유'만을 문제로 삼는 예를 들고자 한다. 1999년 9월에 이바라키현茨城県東海村 도카이무라 원자력 시설에서 방사능 누출 사고가 발생했다. 주민에게 피난요청, 임시휴교, 열차 운전 보류 등의 안전 조치가 취해지는 가운데 '마음의 케어'가 동시에 등장했다. 히타치日立 시는 부모와 아이의 불안을 제거하기 위해 교육위원회 상담실에 여러 명의 카운슬러를 준비시켰다. 또한 각 매체에서는 '두려움에 떨고 있는 아이가 있다. 마음의 케어를' 이라는 기사가 보도되었다. 사람들의 관심은 원자력 시설 사고 그 자체에 대한 논의로 향하지 않고, 그곳에서 발생한 불안을 신속하게 치료하는 것을 중시하게 되었다. 떨고 있는 아이를 껴안아주면서 일상에 대해 다시 생각하고, 주변의 사람들과 연계해가는 모습은 '요즘에는 유행하지 않는' 이야기가 되어버린 것일까? 그저 외상 후 스트레스 장애라는 삼엄한 전문용어에 관심이 쏠려 전문가에게 아이를 맡긴다. 맡겨진 아이는 정말로 안심하고 살아갈 수 있을까?

'마음의 케어'를 논하는 전문가 측은 나중에 이렇게 기록한다.

"도카이무라의 핵연료 처리시설 사고에서는 처음부터 정신보건 전문가가 대책본부에서 활동했던 것이 그 뒤 주민 케어에서 무척 유효했다"(김 요시하루金 吉晴, 《심적 트라우마의 이해와 케어》). 만약 사고 뒤에 원자력 시설에 대한 주민반대운동이 일어났다고 가정한다면 어땠을까. 그것을 심적 외상현상이라고 인식하는 일은 설마 없을 것이라고 생각하지만 단언할 수도 없다고 생각한다. 주민의 '마음의 케어'에 불찰이 있었던 것은 아니냐는 의견이 나올 것 같다. '마음의 케어'는 주민의 행동관리와 한 몸이다.

상담은 분노와 불안을 가라앉힌다. 그것을 가능하게 하는 기법의 존재가 상담의 인기를 지탱시키는 하나의 측면이다. 어찌할 수 없는 성가신 감정을 달래고 조용하게 적응하게 한다. 관리자에게 있어서 없어서는 안 되는 기법이라고 생각되는 것도 당연하다. 또한 불안과 분노로 인한 고통에서 도망쳐 후련해지고 싶은 사람들의 열망에도 부응한다.

그러나 이 사태는 상황유지, 무사안일주의, 탈정치성을 의미하고 있다. 독일의 저널리스트 우르술라 누버Ursula Nuber는 이 탈정치성에 대해 다음과 같이 말한다.

"심리치료 업계는 책임의 부담을 덜게 하기 위한 새로운 기법을 끊임없이 제공한다. 우리들의 사고와 행동은 심리치료의 대상이 되고, 그렇게 됨으로써 탈정치화 되었다. 우리의 불만과 불행은 어디에서 왔을까? 그 물음이 우리를 몰아세운다. (생략) 그때 심리치료로 인해 우리의 한쪽 눈은 가려진다. 즉 개인의 운명만을 보게 되는 것이다"(우르술라 누버, 《'상처받기 쉬운 아이'라는 신화'傷つきやすい子ども'という神話》).

누버는 사회상황과 변혁으로의 노력이 무시되고 안일주의 속에서 자신의 안정에 대한 관심만이 비대해지는 사태에 경고를 던지는 것이다.

극도의 소비사회 속에서 우리들은 상담·서비스에 둘러싸여 그곳에 의존하며 탈정치화 되어간다. 수동적으로 생활하고 살아짐을 당하는 일상과 인생이 준비되고 있다. 그러나 살아짐을 당하는 것이 아니라 살고 싶다는 열망이 세상에서 사라져버릴 이유도 없다. 수동적으로 살게 되는 것에서 스스로 살아가는 미래를 어떻게든 그려 나가고 싶다.

관계를 지향한다

익숙함의 힘

사람을 일상적으로 지탱하고 있는 힘은 무엇일까? 그것은 자신에게 익숙한 사람과 장소라고 생각한다. 지쳐서 집으로 돌아가면 편안해지는 것도 그곳에 익숙한 것이 있고, 일상적인 장소라는 힘이 크다.

고향과 오랜 친구를 그리워하는 것도 마찬가지이다. 익숙한 느낌은 거듭되는 시간과 장소의 산물로 바로 손에 넣을 수는 없다.

가족이 특별할 수 있는 것은 제도와 혈연관계만이 아닌 오랜 시공간을 함께한 관계이기 때문이다. 익숙한 사물과 사람과 장소가 우리들의 생활의 근간이며 일상을 떠받치고 있다.

초등학교 교사인 친구가 보내준 초등학교 4학년 여학생의 시가 있다.

학교의 좋은 점
고민을 들어주는 선생님과 친구가 있다
늘 있는 교실, 늘 있는 공부, 늘 있는 쉬는 시간
늘 있는 일을, 늘 그랬듯이, 늘 하던 대로
모두 늘 있으니까 학교에 갈 수 있다
싸우더라도, 왕따가 없으면 괜찮다
늘 있는 일이 두려워지면, 학교에는 갈 수 없다
나는 늘 있는 일이 즐거우니까, 학교에 갈 수 있다

여기서 말하고 있는 '늘 있는 일, 늘 그랬듯이, 늘 하던 대로'의 '늘'이 내가 말하고자 하는 '익숙함'이다. 아이나 어른이나 '늘=익숙함=일상'이 지탱시켜주고 있다. 생활을 지탱하고 있는 것은 인간만이 아니라 인간을 포함한 장면 전체라는 것을 이 시는 전달하고 있다. 다만 '늘=일상'은 따분하기도 해서 사람은 오락, 신 나는 일, 축제, 여행, 모험 같이 일상적이지 않은 것을 즐기려고 한다. 그러나 배후의 '늘=일상'이 생활의 근본이라는 점은 변함없다.

'늘 있는 일'을 못하게 되면 사람은 동요하고 힘겨워하며, 때로는 혼란스러워 한다. 주변에서는 그 사태로 인해 자신들의 '늘 있는' 것이 침해받기 때문에 '본인을 위해서'라는 이유를 붙여서 그 사람을 '비일상'으로 쫓아내려고 한다. '전문가' 그것도 '좋은 전문가'가 배제를 정당화하기 위해 필요한 사항이다. 하지만 괴로움을 안게 되었을 때야말로 자신의 일상을 더욱 의지하는 경우가 많을 것이다. 일상이 괴롭기 때문에 거기에서 탈출하려고 하는 경우도 있겠지만 사람은 누구나 일상에서 나가라는 말은 듣고 싶지 않고, 쫓겨나고 싶지 않다. 일상은 이제 쇠퇴했고, 망가졌다고 경솔하게 말할 수 없다. 자신들의 장소라고 느낄 수 있는 일상을 만들어가는 것 이외에 다른 길은 없다.

재난과 대형사고, 가까운 사람의 죽음으로 인해 '마음의 상처'를 받았다는 내용에는 평상시에 자신을 지탱해온 익숙함을 상실한 충격이 크게 내포되어 있다. 예전에 읽었던 어느 소설 속에 인상 깊었던 장면이 있다. 어린 삼남매를 남기고 엄마가 죽은 대목이었다. 열 살인 큰딸아이는 엄마가 돌아가신 날 울면서 어린 남동생과 여동생이 좋아하는 오므라이스를 만들어준다. 그리고 엄마가 늘 그랬던 것처럼 계란 위에 케첩으로 붉은 꽃을 그려준다. '엄마가 돌아가셨다는데 태평하게 케첩으로 꽃을 그리고 있을 상황이 아니잖아'라고 생각하는 사람이 있다면 그것은 틀렸다. 무의식적으로 늘 했던 익숙한 일이 슬픔 속의 아이들을 버틸 수 있게 해주는 그나마 유일한 지혜인 것이다.

'상처를 입었다면 상담'이라는 견해에는 그 지혜가 상실되어 있다. 괴로울 때, 익숙하지 않은 낯선 전문가가 나타났다고 해서 과연 안심할 수 있을까? 역으로 사람이 불행에 휩쓸렸을 때야말로 함께 시간을 보내고 생활하며 익숙해진 사람들이 나설 차례인 것이다. 말로 위로받는 것이 다가 아니라 오히려 대수롭지 않은 행위와 호의가 사람을 살린다. 맛있는 차를 끓여주거나 음식을 조금 보내거나 어린아이를 맡아주는 것이 그렇다. 내 가족이 큰 병에 걸려 마음이 절박했을 때 근처에 사는 친구들이 가끔 음식을 가져다주어서 고맙고 든든했던 일이 떠오른다.

상대방의 힘들었던 경험을 주의 깊게 듣고 자신의 생각을 말하는 것은 쉬운 일은 아니다. 하지만 전문가에게 맡기며 포기할 일도 아니다. 그냥 듣기만 하는 것이 아니고, 가능한 일을 찾아내서 주변 사람들과 함께 생각하는 관계를 일상 속에서 되찾는 것은 이제 불가능한 것일까?

익숙함에 대해 말하자면, 대참사 같은 재난 때문에 사람들은 익숙한 풍경을 잃어버린다. 낯익은 풍경이 변해도 사람들은 지금까지 살아온 익숙한 땅에서 살고 싶어 한다. 앞 장에서 말한 한신·아와지 대지진 이후에 피해자 연락회는 원래 살던 곳에서 가장 가까운 곳에 임시주택을 건설해야 한다고 요구했다. 그렇게 되면 재난을 입은 이들이 겨우 익숙한 얼굴들과 일상을 다시 만날 수 있다. 파괴되었다고는 하지만 친숙한 풍경을 회상할 수 있다. 또한 사정을 알 수 있게 된다. 그러나 행정기관이 그 바람을 받아들여주지 않았고 임시주택의 대부분을 원래 살던 곳에서 먼 곳에 건설한 일에 대해 연락회 사람들은 불만을 터뜨렸다.

재난 직후에는 물과 음식을 비롯한 생활필수품을 신속히 보내는 것이 행정의 역할이지만, 그것이 일단락된 뒤에는 재난피해자가 일상, 즉 익숙한 세계를 조금이라도 영유할 수 있도록 해야 한다. 익숙한 세계를 복원하는 것은 틀림없이 사람을 버티게 하는 힘이 되기 때문이다. 이것을 발판 삼아 슬픔과 고통을 견디는 힘도 솟아나는 것이 아닐까 생각한다. 새삼스레 '케어'라는 말을 꺼내지 않더라도 말이다.

익숙한 세계는 몸으로 하는 일상적인 행위가 누적되어 풍부해진다. 그것은 일상을 구성하는 하나하나의 장면이다. 오므라이스를 만들 때 계란 위에 케첩으로 꽃 한 송이를 장식하는 반복이 어느 사이엔가 아이의 생활에 깊숙이 자리한 것도 그렇다. 지하철역까지 매일 걸어가는 길, 빨래를 너는 순서, 채소를 다듬는 습관 같은 사소한 일도 마찬가지다. 어느 요리사의 책에 '이유 없이 채를 써는 것이 좋아서 탄생한 요리'라는 항목이 있었다. 채를 써는 것은 귀찮은 작업이지만 그것만으로 사람을 안정시킬 수 있다. 소재를 다루는 데 전념할 수밖에 없는 익숙한 작업이기 때문이다. 소소한 생활의 익숙한 단편들이 이어져서 묵묵히 사람을 뒷받침하며 돕고 있다. 하물며 밭이나 바다에서 자연과 더불어 몸으로 일하고 생활하는 사람들이 갖는 '익숙함의 힘'은 얼마나 크고 견고할 것인가.

이렇게 생각하면 '마음의 케어'와 '치유'에 전문가가 등장한 것은 소비사회의 성숙, 소비주의 매몰의 문제라는 것이 확실하다. '살아가는 것은 소비하는 것'이라는 생활이 '익숙한 세계'를 퇴색시키고 공허함을 보태고 있는 것이다. 사람은 차츰 버팀목을 잃고 '침착함'과 '인간관계', '어려움에 맞서는 힘'을 손에 넣을 수 없게 되면서 '살아짐을 당하는 생활'을 살고 있다. '무엇을 위해 살아가는가'라는 물음이 젊은 사람들 사이에서 커지고 있는 것은 당연하다. 그러나 '익숙함의 힘'을 돈으로 바꿀 수 없다는 것도 분명하다. 익숙해지는 것은 시간의 산물인데 돈은 시간을 일시적으로만 살 수 있기 때문이다.

익숙함의 힘을 생활 속에서 티끌 모아 태산처럼 늘려가는 뻔한 방법 이외에는 길이 없을 것 같다. 퇴보하는 것이냐고 묻는다면 상실의 체험을 바탕으로 앞으로 나아가는 것이라고 대답하고 싶다. 설사 허세라는 말을 듣는다고 해도 그게 사실이다. 나와 우리들이 함께 생각하는 상황을 늘리는 것도 중요하다. 결국 이미 완성된 음식을 그 자리에서 사먹는 생활에서 재료를 요리해서 먹는 생활로 바꾸는 것도 하나의 출발점이 될 수 있다. 먹는 행위야말로 스스로 생각하는 것을 포함한 일상의 행위이고, 누구나 바로 시작할 수 있다. 그런 일들이 하나씩 모여 '케어'와 '치유', '상담'이라는 이름의 '마음의 시장'에서 우리들을 해방시킬 길을 만들 것이다.

평준화의 관계 원리

일본이라는 사회에 태어나서 생활하는 우리들은 어떤 인간관계에 익숙해진 것일까? 마지막으로 이 내용에 대해 생각하고, 심리주의적으로 폐쇄된 현실에서 빠져나갈 수 있는 관점을 제시하고자 한다.

미국을 중심으로 발전한 임상심리학은 개인을 대상으로 한 학문이다. 심리검사는 개인의 능력을 측정하고, 상담·심리치료는 개인의 사회 적응을 주목적으로 하는 면담기법으로 발달해왔다. 집단요법과 인간관계·환경 조정의 역할도 있지만 모두 후발 분야로 개인을 대상으로 하는 사상·기법의 변이이다. 이러한 임상심리학의 뿌리가 개인주의적인 미국과 유럽사회에 있다는 것은 분명하다.

여기서 말하는 개인주의란 인간과 신의 관계 위에 성립하고 있다는 것을 전제로 한다. 임상심리학은 기독교 문화를 배경으로 하는 개인의 모습을 빼놓고는 이야기할 수 없을 것이다. 개인주의의 번영은 특히 자본주의가 급속하게 전개된 미국사회에서 필연적이었을 것이다. 그 역사는 라이스먼John. M. Reisman이 저술한 《임상심리학의 역사*A history of clinical psychology*》에 나타나 있다. 그러나 여기서는 일본이 역사적으로 유지해온 인간관계 문화로 관심을 돌리려고 한다. 거기에는 저버리면 안 되는 지혜가 포함되어 있기 때문이다.

일본 사회는 종적인 사회라고 알려져왔다. 나카네 치에中根千

枝가 분석한 이후의 일이다(나카네 치에, 《종적 사회의 인간관계タテ社会の人間関係》). 그러나 그것은 일방적인 사실이다. 그런 반면 사쿠라이 도쿠타로桜井徳太郎는 민속학의 시점에서 일본 사회의 종적 원리와 횡적 원리의 공생 및 평준화의 논리에 대해 논하고 있다(사쿠라이 도쿠타로, 《결중의 원점–공동체의 붕괴와 재생結衆の原点–共同体の崩壊と再生》).

역사를 거슬러 올라가면 마을에서 봉사하며 친목을 도모했던 젊은이 집단인 와카모노쿠미若者組나 함께 모여 일을 하던 처녀 집단인 무스메쿠미娘組 같은 연령집단을 중시하는 모습이 있었다. 또한 에보시 형제烏帽子きょうだい, 숙박 형제宿泊きょうだい, 수호 친구守り仲間 등 의형제 풍습이 있었다. 이것이 사쿠라이가 설명한 역사적으로 보이는 횡적 관계원리이다. 그러고 보면 지금도 학교나 회사에서 '같은 학년·동기'와 같은 연대의식이 뿌리가 깊으며, 마찬가지로 젊은 세대에서는 '동갑'이라는 말이 횡적 원리를 나타내고 있다. 또한 사쿠라이가 말하는 평준화의 논리는 평등하게 분담하는 '당번'과 균등·공평·평균에 대한 지향성, 교제, 의리, 강한 이웃 의식과 같은 예를 보여주고 있다. 사쿠라이는 미나마타水俣 공해 발생에 대한 주민저항운동 배경을 조사하고 연구하면서 다음과 같이 말했다.

"'가난을 걱정하는 것이 아니라 평등하지 못함을 걱정한다'라는 '균등주의'가 가난한 사람에게 아무런 대가 없이 노동을 제공하고 서로 도움으로써 사회에서 낙오되는 것을 막아냈다."

균형원리, 평등지향이 공존원리로 이어진다는 사쿠라이의 지적은 흥미롭다. 그러나 그것을 단번에 미화해서 인식하는 것은 삼가야 한다.

종적 원리의 억압 작용과 마찬가지로 횡적 원리도 역시 집단본능을 강제하는 긴장감을 만들어내기 때문이다. 그렇다고 해서 현재 일본 사회에서 진행되고 있는 독립을 간섭하지 않는 원리와 개인의 내면으로 문제를 환원하는 심리주의의 만연에서 희망을 찾아내는 것은 더욱 불가능한 일이다. 그것은 관계가 궁지에 몰려 있는 사태이기 때문이다. 일본 사회가 시대 속에서 계승해온 서로 돕는 문화를 다시 자각하고, 그 힘을 현대의 인간관계 속에서 숨 쉬게 할 수 있는 가능성을 신중히 모색하고자 한다.

인연사상에 건다

이런 식으로 생각하면 일본 사회는 애초에 관계의 사회였다는 것을 알 수 있다. 그 사실은 일본의 관계문화 중 하나인 인연사상을 볼 때 더욱 확실해진다. '이것도 인연이다', '인연이 없었던 거야', '끈질긴 인연이다' 같이 예스러운 말이 지금도 광범위하게 자주 사용되고 있다. 젊은 세대와 아이들의 세계에서도 이 말은 '붉은 실로 이어진 인연'이나 '엔가쵸エンガチョ'란 말로 흔히 쓰이고 있다. 이런 인식이 사회에 깊이

뿌리내리고 있기 때문일 것이다.[1)]

사이구사 미쓰요시三枝充悳에 의하면 인연은 연기縁起로 불교의 기본사상이며, 인연생기因緣生起를 의미한다(사이구사 미쓰요시, 《연기 사상縁起の思想》). 불교를 배우지 않은 사람이 그 기본사상을 얕은 지식으로 여기에 짧게 인용하려는 것은 정말 괘씸한 일이라는 것을 알면서도, 인연이란 관계하는 것이라는 사이구사의 정의에 입각해서 생각해보고자 한다.

앞서 인용한 책에 따르면 인연, 즉 인연과 연기란 현상적 사물은 모두 직접 원인인 인因과 간접 원인인 연緣이 합쳐져 만들어진다고 하는 것이 불교의 교설이다. 모든 사상은 사상간의 상호 관계에 따라 성립된다. 따라서 불변적·고정적 실체라는 것은 없다. 고정적·실체적 자아는 존재하지 않는다. 모든 것은 인연이 있기에 발생하고 공생한다. 이 사상을 표현할 때의 관용구는 다음과 같다.

"이것이 있으므로 저것이 있고, 이것이 생기므로 저것이 생긴다. 이것이 없으므로 저것이 없고, 이것이 멸하므로 저것이 멸한다."

이것은 개별적 존재를 바탕으로 하지 않는 관계주의 그 자체이다. 사이구사는 "'관계성'이라는 개념은 불교용어로 말하

---

1) 엔가쵸エンガチョ란 부정 타지 말라는 아이들의 말장난 같은 것이다. 엔エン은 '부정함과 인연'을 나타내며, 쵸チョ는 '싹둑'을 의미하는 의성어인 춘ちょん이 생략된 것으로, 의미는 '인연(부정)을 (싹둑) 자르다'이다.-옮긴이.

면 결국 '인연'에 가깝다"라고 말하고 있다. 일본의 관계문화는 인연사상에 크게 영향을 받고 있는 것이다.

실제로 인간관계의 모습을 나타내는 속담에도 인연이라는 단어가 포함된 것이 많이 있다. 가장 잘 알려져 있는 것은 '옷깃만 스쳐도 인연袖すりあうも(触りあうも)他生の縁'일 것이다. '이것도 (무엇의) 인연이니까'와 비슷한 의미로 종종 사용된다. 상대가 신경 쓰지 않도록 배려를 할 때에도 효과적이고 지혜로운 표현이라고 생각한다. 그 밖에 '인연은 끝없는 세상사', '인연이란 묘한 것', '기다리면 언젠가 인연이 온다', '한 번 끊어진 인연은 다시 맺을 수 없다' 등 모두 사람과 사람 사이의 관계의 기묘함과 무게감, 지혜를 담고 있는 속담이다. '돈 떨어지면 정분도 끊어진다'도 '고작 그 정도 관계였던 것이다'라고 인연의 의의를 역으로 인식하는 말이다.

인연과 통찰의 문화는 지금 유행하는 심리치료·상담 용어인 '공감'을 이용할 것도 없이 애초에 횡적 관계와 공감의 문화이다. 더구나 어색하게 기법화된 것이 아니고 좋든 나쁘든 제도와 시간 속에서 우리들이 몸으로 익힌 감각, 혈육화된 관계문화이다.

요즘은 사람과 사람이 소비·정보사회의 파도에 휩쓸려 뿔뿔이 흩어져서 그야말로 '돈 떨어지면 정분도 끊어지는' 관계로 끌려가고 있다. 그러한 공허함 속에 있더라도 인연이라는 우연으로 이어지는 인간관계와 그 관계에 구속되기도 하면서 관계를 끊지 않는 지혜와 도덕을 생활 속에 키우기를 바란다.

맺음말

니시노 히로유키西野博之 씨가 '상담료는 받지 않고 회비는 얼마든지'라는 제목으로 '다마리바(たまりば, 집합소)' 운영에 대한 내용을 소책자에 적었다(《아이와 함께 간다子どもとゆく》, 172호).

니시노 씨는 '전문가'라는 말과는 관계없이 형이자 삼촌으로 오랫동안 많은 아이들, 젊은이들과 함께 거처를 마련해서 운영해왔다. 다마가와多摩川 즉, 다마강tama river 옆에 있기 때문에 '다마리바'라고 한다.[2)]

등교를 거부하는 아이들이 모여 자연스럽게 시작된 곳인데, 앞에서 말한 소책자에는 '등교거부'라는 말이 단 한 번도 나오지 않는다. 다양한 아이들과 젊은이들이 문자 그대로 협소한 곳에 모여서 활기 넘치는 크리스마스 파티를 벌이는 광경이 그려져 있을 뿐이다. 인간의 자연스러운 관계가 시간과 함께 자유자재로 펼쳐지는 가운데 등교거부나 마음의 뭐라든가 하는 말을 떨쳐버린다는 취지이다.

2) 강river을 일본어로 리바リバー라고 발음하기 때문에 '다마리바'는 지명과 영어 발음이 합쳐진 합성어이다. -옮긴이.

나는 이런 장소를 많이 알고 있다. 이런 장소에서 항상 격려 받는다. 본받고 싶다는 생각이 든다. '사람이 제각각'이라고만 묘사되는 현재, 나도 이 책 안에서 그런 말을 몇 번이나 사용하고 있지만 결코 그렇지만은 않다. 사실은 아직 쓸 만하다고 생각하고 있다.

단, 이런 모임은 운영에 어려움을 겪는다. 주로 경제적인 어려움이다. 니시노 씨도 이렇게 임의로 회비를 걷는 장소를 계속해서 유지하기 위해서는 어떤 운영 기반을 만들어야 할지를 고민하고 있다(하지만 다마리바는 그런 식으로 벌써 10년 이상 유지되고 있다). 공공, 민간의 보조를 받으며 '다마리바'의 젊은이들과 니시노 씨는 이따금씩 가와사키川崎 북부 도매 시장에 아침 일찍 일하러 나간다. 힘들지만 모두의 장소를 유지하는 것이 중요하기 때문에 그렇게 하는 것이고, 자금을 만들기 위한 협동이 젊은이들 사이에 활력을 불어넣고 있는 것 같다.

그런 장소에서라면 분명 상담이라는 것은 업무가 아닌 함께 생각하는 일이 되어 있는 것이다. 하물며 유료 상담이 재원 확보를 위한 손쉬운 길이라는 것을 알고 있어도 그렇게 하지 않는다. 함께 고민하고 더불어 생각하는 부분을 상품화한다면 그 순간 가장 중요한 것이 빠져버리고 장소의 모습이 변해버릴 것이 틀림없다. 여기서 니시노 씨와 사람들은 '3년 후, 5년 후에도 이런 크리스마스 파티를 열 수 있을까?'라고 걱정하면서도 '시끌벅적 활기차게' 그리고 즐겁게 노력하고 있다. 그런 사람들의 존재에 격려 받고 도움을 받는다.

다마리바는 자유공간을 넘어 학교와 지역 그리고 기업 안에 끊임없이 발생하는 문제를 함께 생각하는 인간관계가 살아 있다. 도시바 후추東芝府中 공장 내 직원들 간의 '왕따'문제와 싸우는 것에서 출발하여 지역사회에서도 '왕따'문제에 대처하는 활동을 거듭해왔다. '문제아'로 여겨지는 아이들을 상담 장소로 바로 보내지 않고, 사람과의 관계와 시간을 벗 삼아 학급·학교 안에서 함께 생활하는 교직원과 부모들이 있으니 아직 포기해서는 안 된다.

한편 매스컴은 변함없이 '마음의 전문가·마음의 케어' 캠페인을 이어가고 있다. "부모를 잃은 아프가니스탄 어린이에게 마음의 케어가 필요하다. 전문가가 없어서 민간 구조조직이 '마음'의 지원을 모색하고 있다"라는 기사를 보았다(〈아사히신문〉 석간, 2001년 12월 19일자). 아프가니스탄 어린이들의 '마음의 케어(트라우마)'를 치유하기 위해 혈육의 죽음에 대한 경험을 말하게 하고 그것을 그림으로 그리게 하는 '트라우마·훈련'을 하는 것이라고 한다. 묘지에만 가려고 하는 아이, 갑자기 코란을 복창하는 아이도 있다고 한다. 코란을 알지 못하는 타국 사람이 무슨 소리를 하는 건가? 아프가니스탄에는 그 아이들의 생활과 문화가 있다. 무엇이 그곳에 필요한지는 현장에서 배우지 않으면 안 된다. 이쪽에서 가르치려고 하는 것은 자만이다. 언어와 그림으로 표현하도록 하기 위해 전문가

에 의한 '올바른 치유'를 수출하려고 하는 것일까? 그 강요와 독선이 놀라울 따름이다. 심리학을 통한 침략이다. '마음의 전문가'와 내담자의 관계는 '깊지만 친하지 않은 관계'라고 한다(가와이 하야오, 《상담과 인간성カウンセリングと人間性》). 이는 전문가 쪽이 상대를 '깊이' 이해한 것으로 생각하면서 치료자의 '분별'과 기법으로 가까워지지 않도록 하는 부자연스러운 거짓 관계라고 생각한다. 하루하루 생활하는 우리들은 그러한 일방적인 세계에 휩쓸리고 싶지 않다. '깊지만 친하지 않은 관계'가 아닌 '깊지 않더라도 친밀한 관계'를 각자 주변에서 넓혀가는 것이 중요한 것이다. 그 속에서 비로소 우리들은 '상담이라는 상품'을 '함께 생각하는 일상의 영위'로 되찾는 길을 발견해갈 수 있을 것이다. 그리고 어느 사이엔가 더없이 소중한 '깊고 친밀한 관계'가 되어갈지도 모른다.

'마음의 전문가'의 확산과 그것을 선전하는 매스컴, 그리고 그것에 잠식당해가는 세상을 걱정하면서 이 책을 저술했다. 이 테마를 오랫동안 함께 생각해온 일본 사회임상학회의 동료들, 토론을 거듭해온 와코대학和光大学의 학생들과 졸업생들, 와코대학 방송대학 수강생들, 자료 찾기에 협력하고 의견을 보내준 친구들 특히 하라우치 리에原内理恵 씨와 하타케야마 유畠山裕 씨에게 마음으로부터 감사를 전한다.

옮긴이의 글

소소한 일상에서 풀어가는 마음의 문제

내 마음에 문제가 있다. 갑자기 그런 생각을 하게 된 것은 아니지만, 문득 더 이상은 감당할 수 없을 것 같아서 당장이라도 해결해야 할 것 같은 생각이 들었다.

주변 사람들에게 속마음을 털어놓을 때, 어디까지 솔직해질 수 있을까? 나의 경우, 상대방이 받아들여줄 수 있다고 생각되는 주관적인 범위까지였다. 그래서 누구에게도 말할 수 없는 마음의 문제를 해결하고자 상담을 받기로 했다.

그리고 바로 경제적인 부담이라는 벽에 부딪혔다. 내 이야기를 들어달라고 찾아가서 1시간도 안 되는 짧은 시간에 꽤 많은 금액을 지불해야 하다니. 그렇게 심란하게 여기저기 알아보다가 크게 부담이 되지 않는 상담소를 찾아냈고, 상담을 받게 되었다.

상담소를 처음으로 방문한 날, 굳은살처럼 단단하게 응어리진 마음의 문제가 해결될 것이라는 기대감과 낯선 사람과의 만남에 대한 긴장감으로 심장은 속없이 두근거리기까지 했다.

간단한 설문조사 뒤에 왜 상담을 받고자 하는지 이야기를 했고, 상담은 기본 10회로 이루어지며, 상담이 끝난다고 문제가 해결되는 것은 아니라는 설명을 들었다. 어렵게 잡은 상담 기회라는 생각에 최소한 지금보다는 나아질 것이라 믿으며 상담을 받기 시작했다.

일주일에 한 번 40분 동안 나는 혼자서 많은 말들을 뱉어냈다. 생각이 가지치기를 하듯 혼잣말은 끝없이 꼬리를 물고 쏟아져 나왔고, 6회 정도의 상담이 진행되었을 때, 상담사는 내 문제가 쉽게 해결되지 않을 것 같다고 했다. 적어도 1년 정도 지속적인 상담이 필요하고, 가능하다면 부모님도 상담에 참여하는 것이 좋겠다고 했다. 상담을 진행하다가 무척 힘든 상황에 직면하게 될 것이라고도 덧붙였다. 형태를 알 수 없는 문제가 상담을 통해 구체화 되었을 때 그것은 솜사탕 같은 것이고 내가 부풀려서 인식하고 있는 것이기를 기대하고 있었다. 그런데 상담사는 당신의 생각보다 문제가 훨씬 심각하다며 커다랗고 딱딱한 막대사탕을 들이밀며 시야를 꽉 막아버렸다. 진전이 없음을 의식하고 있던 찰나에 그런 말을 들어버린 것이다.

결국 상담은 10회로 끝이 났다. 두서없이 나의 과거 경험과 현재의 생각을 잘 알지 못하는 사람에게 폭로해버린 상태로 어중간하게 끝이 났다. 다행스럽게도 나는 이후 아무렇지 않게 일상생활을 했고, 회사를 다녔고, 결혼도 했다.

문제는, 내가 상담을 중단했다는 것을 필요 이상으로 자각하고 있었고 심적으로 어려운 상황에 맞닥뜨릴 때마다 상담 전보다 구체화 되어버린 마음의 문제가 나를 방해하는 거라고 생각하는 것이었다. 그도 그럴 것이 상담시간에 부족한 표현으로 드러내는 감정은 분노, 화, 슬픔 등 마이너스 이미지들이 대부분이었다. 기쁘고 행복하고 즐겁다는 마음을 이야기할 필요가 없었으니까. 하지만 그런 감정들을 말하면서 더욱 그 감정에 빠져들고, 집중하게 되었다는 것을 시간이 갈수록 더 많이 느끼게 되었다.

그러다가 오자와 마키코의 저서를 읽으면서 과거의 상담 경험에 의지하면서도 다시 상담할 의지가 생기지 않는 모순된 마음의 상태에서 벗어날 수 있었고, 그래도 된다고 스스로를 다독일 수 있는 용기가 생겼다.

나를 위해 금전으로 구입한 시간인데, 나와 마주하고 나의 이야기를 듣고 있는 이 사람은 나를 어떻게 생각할까 궁금했고 가끔 부끄러운 생각도 들었다. '나와 가장 멀리 있는 것 같은 이 사람에게 나의 치부를 온전히 보여줘도 되는 걸까?' 하는 새로운 고민을 하기 시작하면서 솔직함을 다시 내 안에 넣어 두게 되었다. 그리고 그런 의식적인 배려에 대해 이 책은 어쩌면 그것이 당연한 것이라며 내 편을 들어주는 느낌이 들었다.

상담을 하기 위해서는 밑천이 필요하다. 나의 이야기, 나의 행동, 나의 생각들을 바탕으로 상담이 이루어진다. 나에 대해 알지 못하는 사람이 나에게 맞추고 방향성을 제시해주기를 바랐던 나는 어쩌면 마음의 점쟁이를 기대한 것은 아닐까?

혼자 고민하다가 누군가를 찾아가 상담을 하고, 쉽사리 해결이 되지 않아 괴로워하던 시간에 나는 항상 '혼자'였다. 문제가 해결되기를 바라지만 아이러니하게도 주변 사람이 문제를 보게 될까 벽을 쌓고 문제 안으로만 파고들었다.

그러한 내게 이 책은 새로운 관점을 제시했다. 물론 그렇다고 오랜 시간을 함께한 문제가 후련하게 해결된 것은 아니다. 하지만 적어도 나와 주변 사람들에게 한 걸음 다가갈 용기가 생긴 것은 분명하다.

내 마음의 문제가 심각하다는 혼자만의 판단이 주변 사람들에게 말하면 안 된다는 편견을 갖게 했을지도 모른다. 나에게는 큰 문제나 난관도 주변 사람들을 통하면 의외로 명쾌하게 풀릴 수 있는 것을 경험으로 알고 있었으면서 말이다.

오자와 마키코는 이러한 마음의 문제를 자연스럽게 풀어가라고 이야기한다. 하지만 꼭 숙제를 끝내듯 해결해버리라는 말도 하지 않는다. 다만 조금씩 그러나 확실히 일상의 기반을 다져가라고 당부한다.

특별한 의미를 부여한 하루를 위해, 새로운 누군가를 위해 늘 반복되는 매일과 함께하는 사람에게 소홀했다면 오늘부터는 나의 일상을 오롯이 들여다보길 바란다. 그래서 다람쥐 쳇

바퀴를 돌 수 있는 든든한 체력에 감사하고, 지금 내 옆에 있는 사람이 더없이 특별하고 소중하다는 것을 느끼며 생활할 수 있기를 소망한다.

2016년 6월

김은서

옮긴이 김은서

동덕여자대학교 일본어과를 졸업하였으며 대학 재학시절 자매학교인 일본 메이카이대학明海에서 유학했습니다. 대학을 졸업한 뒤 국내 일본 회사에 취업하였으나 전공을 살리기 위해 일본으로 이직, 3년 동안 일본에 거주하였습니다.

현재는 일본 회사에 근무하며, 기술서, 전공서, 잡지, 미용서 등 여러 분야의 번역활동을 하고 있습니다.

오자와 컬렉션 ❺

마음의 전문가는 필요없다

2016년 6월 5일 1판 1쇄 인쇄
2016년 6월 10일 1판 1쇄 발행

지은이 오자와 마키코
옮긴이 김은서
펴낸이 조재성
펴낸곳 서현사
경기도 고양시 일산동구 중앙로 1055번지 레이크하임 206호
전화 031-919-6643 **팩스** 031-912-6643
등　록 2002년 8월 14일 제03-01392호

ISBN 978-89-94044-86-6 94180
ISBN 978-89-94044-72-9 (세트)

정가 14,000원